चिड़ी की दुक्की

(कहानियाँ)

चिड़ी की दुक्की

इस्मत चुग़ताई

लिप्यन्तरण

प्रदीप 'साहिल'

वाणी प्रकाशन

वाणी प्रकाशन

4695, 21-ए, दरियागंज, नयी दिल्ली 110 002

फ़ोन : +91 11 23273167 फ़ैक्स : +91 11 23275710

शाखाएँ

अशोक राजपथ, पटना 800 004, बिहार

कॉफ़ी हाउस कैम्पस, महात्मा गांधी मार्ग, इलाहाबाद 211 001, उत्तर प्रदेश

महात्मा गांधी अन्तरराष्ट्रीय हिन्दी विश्वविद्यालय, वर्धा 442 001, महाराष्ट्र

www.vaniprakashan.com
marketing@vaniprakashan.in
sales@vaniprakashan.in

Chidi Ki Dukki
by Ismat Chughtai
Transliteration by Pradeep 'Sahil'

ISBN : 978-93-5000-367-1
Collection of Stories

पेपरबैक संस्करण 2004, 2005, 2007, 2009, 2014
पेपरबैक छठा संस्करण 2023

मूल्य : ₹ 175

सिटी प्रेस, दिल्ली-110 095 में मुद्रित

वाणी प्रकाशन का लोगो मक़बूल फ़िदा हुसेन की कूची से

अनुक्रम

इस्मत चुग़ताई

आज से तक़रीबन डेढ़ बरस पहले जब मैं बम्बई में था, हैदराबाद से एक साहब का डाक-कार्ड मौसूल (प्राप्त) हुआ। मज़्मून कुछ इस क़िस्म का था...''ये क्या बात है कि इस्मत चुग़ताई ने आपसे शादी न की? मंटो और इस्मत, अगर ये दो हस्तियाँ मिल जातीं तो कितना अच्छा होता, मगर अफ़सोस कि इस्मत ने शाहिद से शादी कर ली और मंटो...।''

उन्हीं दिनों हैदराबाद में तरक़्क़ी-पसंद मुसन्निफ़ों (प्रगतिवादी रचनाकारों) की एक कॉन्फ्रेंस हुई। मैं उसमें शरीक नहीं था। लेकिन हैदराबाद के एक पर्चे में उसकी रूदाद (ब्योरा) देखी, जिसमें ये लिखा था कि वहाँ बहुत-सी लड़कियों ने इस्मत को घेरकर ये सवाल किया कि 'आपने मंटो से शादी क्यों नहीं की?'

मुझे मालूम नहीं था कि ये बात दुरुस्त है या ग़लत, लेकिन जब इस्मत चुग़ताई वापिस आई तो उसने मेरी बीवी से कहा कि हैदराबाद में एक लड़की ने जब उससे सवाल किया, 'मंटो कुँवारा है?' तो उसने ज़रा तन्ज़ के साथ जवाब दिया, 'जी नहीं', इस पर वो मोहतरमा इस्मत के बयान के मुताबिक़ कुछ खिसियानी-सी होकर ख़ामोश हो गईं।

वाक़ियात कुछ भी हों, लेकिन ये बात ग़ैर-मामूली तौर पर दिलचस्प है कि सारे हिंदुस्तान में सिर्फ़ एक हैदराबाद ही ऐसी जगह है जहाँ मर्द और औरतें मेरी और इस्मत की शादी के मुतअल्लिक़ फ़िक्रमंद रहे हैं।

उस वक़्त तो मैंने ग़ौर नहीं किया था, लेकिन अब सोचता हूँ अगर मैं और इस्मत वाक़ई मियाँ-बीवी बन जाते तो क्या होता? ये 'अगर' भी कुछ उसी क़िस्म की अगर है...अगर कहा जाए कि अगर क़लूपतरा की नाक एक इंच का अट्ठारवाँ हिस्सा बड़ी होती तो उसका असर वादी-ए-नील की तारीख़ पर क्या पड़ता। लेकिन यहाँ न इस्मत क़लूपतरा है और न मंटो एन्थनी। लेकिन इतना

ज़रूर है कि अगर मंटो और इस्मत की शादी हो जाती तो उस हादिसे का असर अहदे-हाज़िर (वर्तमान) के अफ़सानवी-अदब (कथा-साहित्य) की तारीख़ पर एटमी हैसियत रखता। अफ़साने अफ़साने बन जाते, कहानियाँ मुड़-तुड़ कर पहेलियाँ हो जातीं। इन्शा (लेखन) की छातियों में सारा दूध ख़ुश्क होकर या एक सुफ़ूफ़ (चूर्ण) की शक्ल अख़्तियार कर लेता या भस्म होकर राख बन जाता और ये भी मुमकिन है कि निकाह-नामे पर इनके दस्तख़त इनके क़लम की आख़िरी तहरीर होते, लेकिन सीने पर हाथ रख कर ये भी कौन कह सकता है कि निकाह-नामा होता। ज़्यादा क़रीने-क़यास (सही अनुमान) तो यही होता कि निकाह-नामे पर दोनों अफ़साने लिखते और क़ाज़ी साहब की पेशानी पर दस्तख़त कर देते ताकि सनद रहे। निकाह के दौरान कुछ ऐसी बातें भी हो सकती थीं...

"इस्मत, क़ाज़ी साहब की पेशानी, ऐसा लगता है, तख़्ती है।"

"क्या कहा?"

"तुम्हारे कानों को क्या हो गया है?"

"मेरे कानों को तो कुछ नहीं हुआ, तुम्हारी आवाज़ हलक़ से बाहर नहीं निकलती।"

"हद हो गई। लो अब सुनो। मैं ये कह रहा था कि क़ाज़ी साहब की पेशानी बिलकुल तख़्ती से मिलती-जुलती है।"

"तख़्ती तो बिलकुल सपाट होती है।"

"ये पेशानी सपाट नहीं?"

"तुम सपाट का मतलब भी समझते हो?"

"जी नहीं।"

"सपाट माथा तुम्हारा है। क़ाज़ी जी का माथा तो...।"

"बड़ा ख़ूबसूरत है।"

"ख़ूबसूरत तो है।"

"तुम महज़ चिड़ा रही हो मुझे।"

"चिड़ा तुम रहे हो मुझे।"

"मैं कहता हूँ तुम चिड़ा रही हो मुझे।"

"मैं कहती हूँ तुम चिड़ा रहे हो मुझे।"

"तुम्हें मानना पड़ेगा कि तुम चिड़ा रही हो मुझे।"

"अजी वाह! तुम तो अभी से शौहर बन बैठे।"

"क़ाज़ी साहब, मैं इस औरत से शादी नहीं करूँगा। अगर आपकी बेटी का माथा भी आप ही के माथे की तरह है तो मेरा निकाह उससे पढ़वा दीजिए।"

"क़ाज़ी साहब, मैं इस मरदूद से शादी नहीं करूँगी। अगर आपकी चार बीवियाँ नहीं तो मुझसे शादी कर लीजिए। मुझे आपका माथा बहुत पसंद है।"

अगर हम दोनों को शादी का ख़याल आता तो दूसरों को हैरानी-ओ-परेशानी में गुम करने के बजाय हम ख़ुद उसमें ग़र्क़ हो जाते और जब एकदम चौंकते तो ये हैरानी और परेशानी जहाँ तक मैं समझता हूँ मुसर्रत (ख़ुशी) के बजाय एक बहुत बड़े फ़ुकाहिया (उपहास) में तब्दील हो जाता। इस्मत और मंटो, निकाह और शादी, कितनी मज़्हका-ख़ेज़ (हास्यास्पद) है।

इस्मत लिखती है—

"एक ज़रा-सी मुहब्बत की दुनिया में कितने शौकत, कितने महमूद, अब्बास, असकरी, यूनिस और न जाने कौन-कौन ताश की गड्डी की तरह फेंट कर बिखेर दिए गए हैं। कोई बताओ, इनमें से चोर पत्ता कौन-सा है? शौकत की भूखी-भूखी कहानियों से लबरेज़ आँखें, महमूद के साँपों की तरह रेंगते हुए आज़ा (अंग-प्रत्यंग), असकरी के बेरहम हाथ, यूनिस के निचले होंठ का सियाह तिल, अब्बास की खोई हुई मुस्कुराहटें और हज़ारों चौड़े-चकले सीने, कुशादा पेशानियाँ, घने-घने बाल, सुडौल पिंडलियाँ, मज़बूत बाज़ू, सब एक साथ मिलकर पक्के सूत के डोरों की तरह उलझ कर रह गए हैं। परेशान हो-होकर इस ढेर को देखती हूँ मगर समझ में नहीं आता कि कौन-सा सिरा पकड़ूँ कि खिंचता ही चला आए और मैं उसके सहारे दूर उफ़ुक़ (क्षितिज) से भी ऊपर एक पतंग की तरह तन जाऊँ।"

—(छोटी आपा)

मंटो लिखता है—

"मैं सिर्फ़ इतना समझता हूँ कि औरत से इश्क़ करना और ज़मीनें ख़रीदना तुम्हारे लिए एक बात है। सो, तुम मुहब्बत करने के बजाय एक-दो बीघे ज़मीन ख़रीद लो और उस पर सारी उम्र क़ाबिज़ रहो। ज़िंदगी में सिर्फ़ एक औरत और ये दुनिया इस क़दर भरी हुई क्यों है? क्यों इसमें इतने तमाशे जमा हैं? मेरी सुनो

और इस ज़िंदगी को, जो कि तुम्हें दी गई है, अच्छी तरह इस्तेमाल करो। तुम ऐसे गाहक हो जो औरत हासिल करने के लिए सारी उम्र सरमाया (पूँजी) जमा करते रहोगे मगर उसे नाकाफ़ी समझोगे। मैं ऐसा ख़रीदार हूँ जो ज़िंदगी में कई औरतों से सौदे करेगा। तुम ऐसा इश्क़ करना चाहते हो कि उसकी नाकामी पर कोई अदना दर्जे का मुसन्निफ़ एक किताब लिखे, जिसे नरायन दत्त सहगल पीले काग़ज़ों पर छापे और डिब्बी बाज़ार में रद्दी के भाव बेचे। मैं अपनी किताब के तमाम औराक़ (पन्ने) दीमक बनकर चाट जाना चाहता हूँ ताकि उसका कोई निशान बाक़ी न रहे। तुम मुहब्बत में ज़िंदगी चाहते हो, मैं ज़िंदगी में मुहब्बत चाहता हूँ।''

(तकलीफ़)

इस्मत को अगर उलझे हुए सूत के ढेर में से ऐसा सिरा मिल जाता, खींचने पर जो खिंचता ही चला आता और वो उसके सहारे दूर उफ़ुक़ (क्षितिज) से ऊपर एक पतंग की तरह तन जाती और मंटो अगर अपनी किताबे-हयात (जीवन रूपी पुस्तक) के आधे औराक़ भी दीमक बनकर चाटने में कामयाब हो जाता तो आज अदब की तख़्ती पर उनके फ़न के नक़ूश इतने गहरे कभी न होते। वो दूर उफ़ुक़ से भी ऊपर हवा में तनी रहती और मंटो के पेट में उसकी किताबे-हयात के बाक़ी औराक़ भुस की तरह भर के उसके हमदर्द उसे शीशे की अलमारी में बंद कर देते।

'चोटें' के दीबाचे (प्राक्कथन) में कृश्न चंदर ने लिखा है–''इस्मत का नाम आते ही मर्द अफ़साना-निगारों (कहानीकारों) को दौरे पड़ने लगते हैं। शर्मिंदा हो रहे हैं, आप ही आप ख़फ़ीफ़ (तुच्छ) होते जा रहे हैं। ये दीबाचा भी इसी ख़िफ़्फ़त (शर्मिंदगी) को मिटाने का एक नतीजा है।''

इस्मत के मुतअल्लिक़ (सम्बन्ध में) जो कुछ मैं लिख रहा हूँ, किसी भी क़िस्म की ख़िफ़्फ़त मिटाने का नतीजा नहीं, बल्कि एक क़र्ज़ था जो सूद की बहुत ही हल्की शर्ह के साथ अदा कर रहा हूँ।

सबसे पहले मैंने इस्मत का कौन-सा अफ़साना पढ़ा था, मुझे बिलकुल याद नहीं। ये सतूर (पंक्तियाँ) लिखने से पहले मैंने हाफ़िज़े (याददाश्त) को बहुत खुरचा, लेकिन उसने मेरी रहबरी (मार्ग-दर्शन) न की। ऐसा महसूस होता है कि मैं इस्मत के अफ़साने काग़ज़ पर मुंतक़िल (स्थानान्तरित) होने से पहले ही पढ़ चुका था। यही वजह है कि मुझ पर कोई दौरा नहीं पड़ा। लेकिन जब मैंने उसको

पहली बार देखा तो मुझे सख़्त नाउम्मीदी हुई।

अडलफ़ी चेम्बर्ज़ कियर रोड मुम्बई के 17 नम्बर फ़्लैट में जहाँ 'मुसव्विर' हफ़्तावार (साप्ताहिक) का दफ़्तर था, शाहिद लतीफ़ अपनी बीवी के साथ दाख़िल हुआ। ये अगस्त 1942 ई. की बात है। तमाम काँग्रेसी लीडर महात्मा गाँधी समेत गिरफ़्तार हो चुके थे और शहर में काफ़ी गड़बड़ थी। फ़िज़ा सियासियात (राजनीतिक सरगर्मियाँ) में बसी हुई थी। इसीलिए कुछ देर गुफ़्तगू का मौज़ू (विषय) तहरीके-आज़ादी (स्वतंत्रता-आंदोलन) रहा। उसके बाद रुख़ बदला और अफ़सानवी बातें शुरू हुईं।

एक महीना पहले जबकि मैं आल इंडिया रेडियो देहली में मुलाज़िम था, 'अदबे-लतीफ़' में इस्मत का 'लिहाफ़' शाया (प्रकाशित) हुआ था। उसे पढ़कर, मुझे याद है, मैंने कृश्न चंदर से कहा था अफ़साना बहुत अच्छा है, लेकिन आख़िरी जुमला (वाक्य) बहुत ग़ैर-सनाआना (कलात्मकता-रहित) है। अहमद नदीम क़ासमी की जगह अगर मैं एडीटर होता तो इसे यक़ीनन हज़्फ़ (अलग) कर देता। चुनांचे जब अफ़सानों पर बातें शुरू हुईं तो मैंने इस्मत चुग़ताई से कहा, ''आपका अफ़साना 'लिहाफ़' मुझे बहुत पसंद आया। बयान में अल्फ़ाज़ को बक़द्रे-किफ़ायत इस्तेमाल करना आपकी नुमायाँ ख़ुसूसियत (ख़ास ख़ूबी) रही है। लेकिन मुझे तअज्जुब है कि इस अफ़साने के आख़िर में आपने बेकार-सा जुमला लिख दिया।'' इस्मत ने कहा, ''क्या अजीब है इस जुमले में?''

मैं जवाब में कुछ कहने ही वाला था कि मुझे इस्मत के चेहरे पर वही सिमटा हुआ हिजाब (संकोच) नज़र आया, जो आम घरेलू लड़कियों के चेहरे पर नागुफ़्ती (तथाकथित अश्लील) शै का नाम सुनकर नमूदार (प्रकट) हुआ करता है। मुझे सख़्त नाउम्मीदी हुई। इसलिए कि मैं 'लिहाफ़' के तमाम जुज़ईयात (पहलुओं) के मुतअल्लिक़ उससे बातें करना चाहता था। जब इस्मत चली गई तो मैंने दिल में कहा, ''ये तो कमबख़्त बिलकुल औरत निकली।''

मुझे याद है उस मुलाक़ात के दूसरे ही रोज़ मैंने अपनी बीवी को देहली ख़त लिखा, ''इस्मत से मिला। तुम्हें ये सुनकर हैरत होगी कि वो बिलकुल ऐसी ही औरत है, जैसी कि तुम हो। मेरा मज़ा तो बिलकुल किरकिरा हो गया, लेकिन तुम उसे यक़ीनन पसंद करोगी। मैंने जब उससे 'लिहाफ़' का ज़िक्र किया तो नालायक़ उसका तसव्वुर करते ही झेंप गई।''

एक अरसे बाद मैंने अपने उस पहले रद्दे-अमल (प्रतिक्रिया) पर संजीदगी

से ग़ौर किया और मुझे इस अम्र (तथ्य) का शदीद अहसास हुआ कि अपने फ़न की बक़ा (स्थायित्व) के लिए इंसान को अपनी फ़ितरत की हदों में रहना निहायत लाज़िम है। डॉक्टर रशीदजहाँ का फ़न आज कहाँ है, कुछ तो गेसुओं के साथ कट कर अलैहदा हो गया और कुछ पतलून की जेबों में ठुस होकर रह गया। फ़्रांस में जार्ज साँ ने निस्वानियत (नारीत्व) का हसीन मलबूस (सुंदर लिबास) उतार कर तसन्नो (कृत्रिमता) की ज़िंदगी अख़्तियार की। पोलिस्तानी मूसीक़ार (संगीतकार) शो पीस से लहू थुकवा-थुकवा कर उसने हीरे-मोती ज़रूर पैदा करवाए लेकिन उसका अपना जौहर उसके पेट में दम घुटकर मर गया।

मैंने सोचा औरत जंग के मैदानों में मर्दों के कंधे से कंधा मिलाकर लड़ने का पहाड़ काटे या अफ़साना-निगारी करते-करते इस्मत चुग़ताई बन जाए लेकिन उसके हाथों में कभी-कभी मेहँदी रचनी ही चाहिए, उसकी बाँहों से चूड़ी की खनक आनी ही चाहिए। मुझे अफ़सोस है जो मैंने उस वक़्त अपने दिल में कहा, "ये तो कमबख़्त बिलकुल औरत निकली।"

इस्मत अगर बिलकुल औरत न होती तो उसके मज्मूओं (संग्रहों) में भूल-भुलैया, तिल, लिहाफ़ और गेंदा जैसे नाज़ुक और मुलायम अफ़साने कभी भी नज़र न आते। ये अफ़साने औरत की मुख़्तलिफ़ (विविध) अदायें हैं। साफ़, शफ़्फ़ाफ़ (निर्मल) हर क़िस्म के तसन्नो (बनावटीपन) से पाक। ये अदायें वो इश्वे, वो ग़मज़े (हाव-भाव) नहीं, जिनके तीर बनाकर मर्दों के दिल और कलेजे छलनी किए जाते हैं। जिस्म की भौंडी हरकतों से इन अदाओं का कोई तअल्लुक़ नहीं। इन रूहानी इशारों की मंज़िले-मक़सूद (अभीष्ट लक्ष्य) इंसान का ज़मीर है, जिसके साथ वो औरत ही की अनजानी, अनबूझी मगर मख़मली फ़ितरत लिए बग़लगीर हो जाते हैं।

'साक़ी' में 'दोज़ख़ी' छपा। मेरी बहन ने पढ़ा और मुझसे कहा, "सआदत, ये इस्मत कितनी बेहूदा है। अपने मुन्ने भाई को भी नहीं छोड़ा। कमबख़्त ने कैसी-कैसी फ़िज़ूल बातें लिखी हैं।"

मैंने कहा, "इक़बाल अगर मेरी मौत पर तुम ऐसा ही मज़मून (लेख) लिखने का वादा करो तो ख़ुदा की क़सम मैं आज ही मरने के लिए तैयार हो जाऊँ।"

शाहजहाँ ने अपनी महबूबा की याद क़ायम रखने के लिए ताजमहल बनवाया। इस्मत ने अपने महबूब (प्यारे) भाई की याद में 'दोज़ख़ी' लिखा।

शाहजहाँ ने दूसरों से पत्थर उठवाये, उन्हें तरशवाया और अपनी महबूबा की लाश पर अज़ीमुश्शान इमारत तामीर कराई। इस्मत ने ख़ुद अपने हाथों से अपने ख़्वाहराना (बहन के) जज़्बात चुन-चुन कर एक-एक ऊँचा मचान तैयार किया और उस पर नर्म-नर्म हाथों से अपने भाई की लाश रख दी। ताजमहल शाहजहाँ की मुहब्बत का बरहना (नग्न) मरमरीं इश्तिहार मालूम होता है, लेकिन 'दोज़ख़ी' इस्मत की मुहब्बत का निहायत ही लतीफ़ और हसीन इशारा है। वो जन्नत जो इस मज़्मून (कृति) में आबाद है, उनवान (शीर्षक) उसका इश्तिहार नहीं देता।

मेरी बीवी ने ये मज़्मून पढ़ा तो इस्मत से कहा, ''ये तुमने क्या ख़ुराफ़ात लिखी है।''

''बको मत, लाओ वो बर्फ़ कहाँ है?''

इस्मत को बर्फ़ खाने का शौक़ है। बिलकुल बच्चों की तरह डली हाथ में लिए दाँतों से कटाकट काटती रहती है और उसने अपने कुछ अफ़साने भी बर्फ़ खा-खा कर ही लिखे हैं। चारपाई पर कोहनियों के बल औंधी लेटी है। सामने तकिये पर कॉपी रखी है। एक हाथ में फ़ाउंटेन पेन और दूसरे हाथ में बर्फ़ की डली। रेडियो ऊँचे सुरों में चिल्ला रहा है मगर उसका क़लम और मुँह दोनों खटाखट चल रहे हैं।

इस्मत पर लिखने के दौरे पड़ते हैं। न लिखे तो महीनों गुज़र जाते हैं पर जब दौरा पड़े तो सैकड़ों सफ़हे (पृष्ठ) उसके क़लम के नीचे से गुज़र जाते हैं। खाने-पीने, नहाने-धोने का कोई होश नहीं रहता। बस हर वक़्त चारपाई पर कोहनियों के बल औंधी लेटी अपने टेढ़े-मेढ़े इमला से बेनियाज़ ख़त में काग़ज़ों पर अपने ख़यालात मुंतक़िल (व्यक्त) करती रहती है।

'टेढ़ी लकीर' जैसा तवील (लम्बा) नॉविल मेरा ख़याल है इस्मत ने सात-आठ नशिस्तों (बैठकों) में ख़त्म किया था। कृश्न चंदर इस्मत के बयान की रफ़्तार के बारे में लिखता है, ''अफ़सानों के मुताले (अध्ययन) से एक और बात जो ज़हन में आती है वो है घुड़-दौड़ यानी रफ़्तार, हरकत, सुबुक ख़िरामी (मेरा ख़याल है कि इससे कृश्न चंदर की मुराद बर्क़-रफ़्तारी थी) और तेज़गामी। न सिर्फ़ अफ़साना दौड़ता हुआ मालूम होता है बल्कि फ़िक़रे, किनाये (व्यंजना शब्द-शक्ति) और इशारे और आवाज़ें और किरदार और जज़्बात और अहसासात (संवेदनाएँ) एक तूफ़ान की-सी बला-ख़ेज़ी के साथ चलते और आगे बढ़ते नज़र आते हैं।''

इस्मत का क़लम और उसकी ज़ुबान दोनों बहुत तेज़ हैं। लिखना शुरू करेगी तो कई मर्तबा उसका दिमाग़ आगे निकल जाएगा और अल्फ़ाज़ बहुत पीछे हाँफते रह जाएँगे। शेख़ी बघारने की ख़ातिर अगर कभी बावर्ची-ख़ाने चली जाएगी तो मुआमला बिलकुल चौपट हो जाएगा। तबीयत में चूँकि बहुत ही जल्दबाज़ी है, इसलिए आटे का पेड़ा बनाते ही सिकी-सिकाई रोटी की शक्ल देखना शुरू कर देती है। आलू अभी छीले नहीं गए, लेकिन उनका सालन उसके दिमाग़ में पहले ही तैयार हो जाता है। और मेरा ख़याल है बाज़ औक़ात (कई बार) वो बावर्ची-ख़ाने में क़दम रख कर ख़याल-ख़याल में शिकम-सेर (तृप्त) होकर लौट आती होगी। लेकिन इस हद से बड़ी जल्दबाज़ी के मुकाबले में उसको मैंने बड़े ठंडे इत्मीनान और सुकून के साथ अपनी बच्ची के फ़्रॉक सीते देखा है। उसका क़लम लिखते वक़्त इमला की ग़लतियाँ करता जाता है, लेकिन नन्हीं के फ़्रॉक सीते वक़्त उसकी सुई से हल्की-सी लग्ज़िश (कंपकपाहट) भी नहीं होती। नपे-तुले टाँके होते हैं और मजाल है जो कहीं झोल हो।

'उफ़ रे बच्चे' में इस्मत लिखती है, "घर क्या है मुहल्ले का मुहल्ला है। मरज़ फैले वबा[1] आये। दुनिया के बच्चे पटापट मरें, मगर क्या मजाल जो हियाँ एक भी टस से मस हो जाए। हर साल माशा-अल्लाह घर हस्पताल बन जाता हैं। सुनते हैं दुनिया में बच्चे भी मरा करते हैं...मरते होंगे, क्या ख़बर?"

और पिछले दिनों बंबई में जब उसकी बच्ची सीमा को काली खाँसी हुई तो वो रातें जागती थी, हर वक़्त खोई-खोई रहती, ममता माँ बनने के साथ ही कोख से बाहर निकलती है।

इस्मत परले दर्जे की हठ-धरम (ज़िद्दी) है। तबीअत में ज़िद है बिलकुल बच्चों की-सी। ज़िंदगी के किसी नज़रिये को, फ़ितरत के किसी क़ानून को पहले ही साबिक़ा (संबंध/जुड़ाव) में कभी क़ुबूल नहीं करेगी। पहले शादी से इनकार करती रही। जब आमादा हुई तो बीवी बनने से इनकार कर दिया। बीवी बनने पर जूँ-तूँ रज़ामंद हुई तो माँ बनने से मुन्किर हो गई। तकलीफ़ें उठाएगी, सुऊबतें (यातनाएँ) बर्दाश्त करेगी...मगर ज़िद से कभी बाज़ नहीं आएगी। मैं समझता हूँ ये भी उसका एक तरीक़ा है जिसके ज़रिए वो ज़िंदगी की हक़ीक़तों से दो-चार होकर बल्कि टकरा-टकराकर उनको समझने की कोशिश करती है। उसकी

1. महामारी

बात निराली है। इस्मत के ज़नाना और मर्दाना किरदारों में भी ये अजीबो-ग़रीब ज़िद या इनकार पाया जाता है। मुहब्बत में बुरी तरह मुब्तिला (घिरे हुए) हैं, लेकिन नफ़रत का इज़हार किए चले जा रहे हैं। जी गाल चूमने को चाहता है, लेकिन उसमें सुई घुसो देंगे। प्यार से थपकाना हो तो ऐसी धौल जमाएँगे कि दूसरा बिलबिला उठे। ये वहशियाना क़िस्म की मनफ़ी (नकारात्मक) मुहब्बत जो महज़ एक खेल की सूरत में शुरू होती है, आमतौर पर इस्मत के अफ़सानों में एक निहायत रहम-अंगेज़ (दयनीय) सूरत में अंजाम-पज़ीर (प्रतिफलित) होती है।

इस्मत का अपना अंजाम भी अगर कुछ इसी तौर पर हुआ और मैं उसे देखने के लिए ज़िंदा रहा तो मुझे कोई तअज्जुब न होगा।

इस्मत से मिलते-जुलते मुझे पाँच-छः बरस हो गए। दोनों की आतिशगीर (ज्वलनशील/विस्फोटक) और भक से अड़ जाने वाली तबीयत के पेशे-नज़र अहतिमाल (संदेह) तो इसी बात का था कि सैकड़ों लड़ाइयाँ होतीं मगर तअज्जुब है कि इस दौरान सिर्फ़ एक बार चख़ (कलह) हुई और वो भी हल्की-सी। शाहिद और इस्मत के मदूऊ (निमन्त्रित) करने पर मैं और मेरी बीवी सफ़िया दोनों (बम्बई के आसपास की जगह जहाँ शाहिद बम्बई टाकीज़ की मुलाज़मत के दौरान में मुक़ीम (ठहरे हुए) थे,) गए हुए थे। रात का खाना खाने के बाद बातों-बातों में शाहिद ने कहा, ''मंटो, तुमसे अब भी ज़ुबान (भाषा) की ग़लतियाँ हो जाती हैं।''

डेढ़ बजे तक मैंने तस्लीम (स्वीकार) न किया कि मेरी तहरीर (रचनाओं) में ज़ुबान की ग़लतियाँ होती हैं। शाहिद थक गया। दो बजे तक इस्मत ने अपने शौहर की पैरवी की। मैं फिर भी न माना। दफ़अतन (अचानक) कोई बात कहते हुए इस्मत ने लफ़्ज़ 'दस्तदराज़ी' इस्तेमाल किया। मैंने झट से कहा 'सही लफ़्ज़ दराज़दस्ती' है। तीन बज गये, इस्मत ने अपनी ग़लती तस्लीम न की। मेरी बीवी सो गई। शाहिद क़िस्सा ख़त्म करने के लिए दूसरे कमरे से लुग़त (शब्दकोश) उठा लाया। 'द' की तख़्ती में लफ़्ज़ 'दस्तदराज़ी' मौजूद ही नहीं था। अलबत्ता 'दराज़दस्ती' और उसके मानी दर्ज थे। शाहिद ने कहा, ''इस्मत अब तुम्हें मानना पड़ेगा।'' अब मियाँ-बीवी में चख़ शुरू हो गई। मुर्ग़ अज़ानें देने लगा। इस्मत ने लुग़त उठाकर एक तरफ़ फेंकी और कहा, ''जब मैं लुग़त बनाऊँगी तो उसमें सही लफ़्ज़ 'दस्तदराज़ी' होगा। ये क्या हुआ दराज़दस्ती....दराज़दस्ती...।''

कजबहसी (वाद-विवाद) का ये सिलसिला बहरहाल ख़त्म हुआ। उसके बाद हम एक-दूसरे से कभी नहीं लड़े बल्कि यूँ कहिए हमने इसका कभी मौक़ा ही

नहीं आने दिया। गुफ़्तगू करते-करते जब भी कोई ख़तरनाक मोड़ आया तो इस्मत ने रुख़ बदल लिया या मैं रास्ता काट कर एक तरफ़ हो गया।

इस्मत को मैं पसंद करता हूँ। वो मुझे पसंद करती है लेकिन अगर कोई अचानक पूछ बैठे, "हम दोनों एक-दूसरे की क्या चीज़ पसंद करते हैं?" तो मेरा ख़याल है कि मैं और इस्मत दोनों कुछ अरसे के लिए बिलकुल ख़ाली-उलज़हन (बुद्धिहीन/मूर्ख) हो जाएँ।

इस्मत की शक्लो-सूरत दिल-फ़रेब नहीं लेकिन दिल-नशीन (दिल में पैठ जाने वाली) ज़रूर है। उससे पहली मुलाक़ात के नक़्श अभी तक मेरे दिलो-दिमाग़ में महफ़ूज़ हैं। बहुत ही सादा लिबास में थी। छोटी कनी की सफ़ेद साड़ी, सफ़ेद ज़मीन का काली खड़ी लकीरों वाला चुस्त ब्लाउज़, हाथ में छोटा पर्स, पैरों में बग़ैर एड़ी की ब्राउन चप्पल, छोटी-छोटी मगर तेज़ और मुतजस्सिस (खोजी) आँखों पर मोटे-मोटे शीशों वाली ऐनक, छोटे मगर घुँघराले बाल। मैं इस्मत पर आशिक़ न हुआ लेकिन मेरी बीवी उसकी मुहब्बत में गिरफ़्तार हो गई। इस्मत से अगर सफ़िया इसका ज़िक्र करे तो ज़रूर कुछ यूँ कहेगी, "बड़ी आई हो मेरी मुहब्बत में गिरफ़्तार होने वाली। तुम्हारी उम्र की लड़कियों के बाप तक क़ैद होते रहे हैं मेरी मुहब्बत में।"

एक बुज़ुर्गवार अहले-क़लम (साहित्यकार) को तो मैं भी जानता हूँ जो बहुत देर तक इस्मत के प्रेम-पुजारी रहे। ख़तो-किताबत के ज़रिये से आपने इश्क़ फ़रमाना शुरू किया। इस्मत शह देती रही लेकिन आख़िर में ऐसा अड़ंगा दिया कि सुरैया (सप्त ऋषि तारा-मंडली) ही दिखा दी ग़रीब को। ये सच्ची कहानी मेरा ख़याल है वो कभी क़लम-बंद नहीं करेंगे।

बाहम मुतसादिम (परस्पर विरोधी) हो जाने के ख़ौफ़ से मेरे और इस्मत के दरम्यान बहुत ही कम बातें होती थीं। मेरा अफ़साना कभी शाया (प्रकाशित) हो तो पढ़कर दाद दे दिया करती थी। 'नीलम' की इशाअत (प्रकाशन) पर उसने ग़ैर-मामूली जोशो-ख़रोश से अपनी पसंदीदगी का इज़हार किया, "वाक़ई ये बहन बनाना क्या है! आपने बिलकुल ठीक कहा है कि किसी औरत को बहन कहना उसकी तौहीन है।"

और मैं सोचता रह गया। वो मुझे मंटो भाई कहती है और मैं उसे इस्मत बहन कहता हूँ...दोनों को ख़ुदा ही समझे।

हमारी पाँच-छः बरस की दोस्ती के ज़माने में ऐसा कोई वाक़िआ नहीं जो

क़ाबिले-ज़िक्र हो। फ़हाशी (अश्लीलता) के इल्ज़ाम में एक बार हम दोनों गिरफ़्तार हुए। मुझे तो दो दफ़ा पहले तज्रबा हो चुका था लेकिन इस्मत का पहला मौक़ा था। इसलिए बहुत भन्नाई। इत्तिफ़ाक़ से गिरफ़्तारी ग़ैर-क़ानूनी निकली। क्योंकि पंजाब पुलिस ने हमें बग़ैर वारंट पकड़ लिया था। इस्मत बहुत ख़ुश हुई लेकिन बकरे की माँ कब तक ख़ैर मनाती। आख़िर उसे लाहौर की अदालत में पेश होना ही पड़ा।

बम्बई से लाहौर तक काफ़ी लम्बा सफ़र है, लेकिन शाहिद और मेरी बीवी साथ थे। सारा वक़्त ख़ूब हंगामा रहा। सफ़िया और शाहिद एक तरफ़ हो गए और चिढ़ाने की ख़ातिर हम दोनों की फ़हश-निगारी (अश्लील लेखन) पर हमले करते रहे। क़ैद की सऊबतों (यातनाओं) का नक़्शा खींचा...जेल की ज़िंदगी की झलकियाँ दिखाईं। इस्मत ने आख़िर में झल्ला कर कहा, ''सूली पर भी चढ़ा दें लेकिन यहाँ हलक़ से अनलहक़ (मैं सत्य हूँ!) ही निकलेगा।''

इस मुक़दमे के सिलसिले में हम दो दफ़ा लाहौर गए। दोनों मर्तबा कॉलिजों के तमाशाई तालिबे-इल्म (विद्यार्थी) मुझे और इस्मत को देखने के लिए टोलियाँ बाँध-बाँध कर अदालत में आते रहे। इस्मत ने मुझसे कहा, ''मंटो भाई, चौधरी नज़ीर से कहिए कि टिकट लगा दे। यहाँ आने-जाने का किराया तो निकल आएगा।''

हम दोनों दो दफ़ा लाहौर गये और दो ही दफ़ा हम दोनों ने करनाल शॉप से मुख़्तलिफ़ (विविध) डिज़ाइनों के दस-दस बारह-बारह जोड़े सैंडिलों और जूतियों के ख़रीदे। बम्बई में किसी ने इस्मत से पूछा, ''लाहौर आप क्या मुक़दमे के सिलसिले में गए थे?'' इस्मत ने जवाब दिया, ''जी नहीं, जूते ख़रीदने गए थे।''

यही कोई साढ़े तीन बरस पहले की बात है। होली का त्यौहार था। मलाड में मैं और शाहिद बालकनी में बैठे पी रहे थे। इस्मत मेरी बीवी को उकसा रही थी, ''सफ़िया ये लोग इतना रुपया उड़ाएँ, हम क्यों न इस ऐश में शरीक हों?'' दोनों एक घंटे तक दिल कड़ा करती रहीं। इतने में एकदम हुल्लड़-सा मचा और फ़िल्मिस्तान से प्रोड्यूसर मुकर्जी उनकी भारी-भरकम बीवी और दूसरे लोग हम पर हमला-आवर हो गए। चंद मिनटों में ही हमारा हुलिया नाक़ाबिले-शिनाख़्त था। इस्मत की तवज्जो ह्विस्की से हटी और रंग पर मरकूज़ (केंद्रित) हो गई, ''आओ सफ़िया हम भी इनके रंग लगाएँ।''

हम सब बाज़ार में निकल आये। चुनांचे घोड़बंद रोड पर बाक़ायदा होली शुरू हो गई। नीले, पीले, हरे और काले रंगों का छिड़काव शुरू हो गया। इस्मत आगे-आगे थी। एक मोटी बंगालन के चेहरे पर तो उसने तारकोल का लेप ही कर दिया। उस वक़्त मुझे उसके भाई अज़ीम चुग़ताई का ख़याल आया। एकदम इस्मत ने जरनैलों के से अंदाज़ में कहा, ''आओ परी-चेहरा के घर पर धावा बोलें।''

उन दिनों नसीम बानो हमारी फ़िल्म 'चल-चल रे नौजवान' में काम कर रही थी। उसका बँगला पास ही घोड़ बंद रोड पर था। इस्मत की तजवीज़ सबको पसंद आई। चुनांचे चंद मिनटों में हम सब बँगले के अंदर थे। नसीम आदत के मुताबिक़ पूरे मेकअप में थी और बहुत ही नफ़ीस रेशमी साड़ी में मलबूस थी। वो और उसका ख़ाविंद (पति) अहसान हमारा शोर सुनकर बाहर निकले। इस्मत ने, जो कि रंगों में लिथड़ी हुई भूतनी लग रही थी, मेरी बीवी से नसीम की तारीफ़ करते हुए कहा, ''सफ़िया नसीम वाक़ई हसीन औरत है।''

मैंने नसीम की तरफ़ देखा और कहा, ''हुस्न है लेकिन बहुत ठंडा।'' ऐनक के रंग-आलूद शीशों के पीछे इस्मत की छोटी-छोटी आँखें चमकीं और उसने आहिस्ता से कहा, ''सफ़रावी (पित्त प्रधान) तबीयतों के लिए ठंडी चीज़ें मुफ़ीद (लाभदायक) होती हैं।'' ये कह कर वो आगे बढ़ी और एक सेकेंड के बाद परी चेहरा नसीम सर्कस का जोकर बनी हुई थी।

इस्मत और मैं अकसर अजीब-अजीब बातें सोचा करते थे। ''मंटो भाई अब जी चाहता है मुर्ग़ और मुर्ग़ियों के रोमांस के मुतअल्लिक़ (सम्बन्ध में) कुछ लिखूँ।'' या ''मैं तो फ़ौज में भर्ती हो जाऊँगी और हवाई जहाज़ उड़ाना सीखूँगी।''

इस्मत की अफ़साना-निगारी (कथा-लेखन) पर काफ़ी मज़्मून (आलेख) लिखे गए हैं—हक़ में कम, ख़िलाफ़ ज़्यादा। कुछ तो बिलकुल मजज़ूब की बड़ (अविश्वसनीय) हैं। चंद ऐसे हैं जिनमें ज़मीन और आसमान के कुलाबे मिलाए गए हैं।

पतरस साहब ने भी, जिनको लाहौर के अदबी ठेकेदारों ने डिबिया में बंद कर रखा था, अपना हाथ बाहर निकाला और क़लम पकड़ कर इस्मत पर एक मज़्मून लिख दिया। आदमी ज़हीन हैं, तबीयत में शोख़ी और मज़ाह (विनोद-प्रियता) है, इसलिए मज़्मून काफ़ी दिलचस्प और सुलझा हुआ है। आप औरत के लेबल का ज़िक्र करते हुए लिखते हैं—

''एक पुख़्ताकार दीबाचा-नवीस (आपकी मुराद सलाहुद्दीन साहब से है) ने भी मालूम होता है इंशा-परदाज़ों (साहित्यकारों) के रेवड़ में नर और मादा अलग-अलग रखे हैं। इस्मत के मुतअल्लिक़ फ़रमाते हैं कि जिंस (लिंग) के ऐतबार से उर्दू में कमो-बेश इन्हें भी वही मर्तबा हासिल है जो एक ज़माने में अंग्रेज़ी अदब में जार्ज इलियट को नसीब हुआ। गोया अदब कोई टेनिस टूर्नामेंट है जिसमें औरतों और मर्दों के मैच अलैहदा होते हैं।''

पतरस साहब का ये कहना कि ''गोया अदब भी कोई टेनिस टूर्नामेंट है जिसमें औरतों और मर्दों के मैच अलैहदा होते हैं।'' ठेठ पतरसी फ़िक़रे-बाज़ी है। टेनिस टूर्नामेंट अदब नहीं। लेकिन औरतों और मर्दों के मैच अलैहदा होना बेअदबी भी नहीं। पतरस साहब क्लास में लेक्चर देते हैं तो तुल्बा और तालिबात (छात्रों और छात्राओं) से उनका ख़िताब (सम्बोधन) जुदागाना नहीं होता लेकिन उन्हें जब किसी शागिर्द लड़के या शागिर्द लड़की की दिमाग़ी नश्वो-नुमा (मानसिक विकास) पर ग़ौर करना पड़ेगा तो माहिरे-तालीम होने की हैसियत में वो उनकी जिंस से ग़ाफ़िल नहीं हो जाएँगे।

औरत अगर जार्ज इलियट या इस्मत चुग़ताई बन जाए तो इसका ये मतलब नहीं कि उसके अदब पर उसके औरत होने के असर की तरफ़ ग़ौर न किया जाए। हीजड़े के अदब के मुतअल्लिक़ भी क्या पतरस साहब यही इस्तिफ़सार (जिज्ञासा) फ़रमाएँगे कि क्या कोई माबिहिलइम्तियाज़ (विभाजक-सूत्र) ऐसा है जो इंशा-परदाज़ (साहित्यकार) हीजड़ों के अदब को इंशा-परदाज़ मर्दों और औरतों के अदब से मुमैयज़ (पृथक/भिन्न) करता है।

मैं औरत पर औरत और मर्द पर मर्द के नाम का लेबल लगाना भौंडेपन की दलील समझता हूँ। इस्मत के औरत होने का असर उसके अदब के हर एक नुक़्ते पर मौजूद है। जो उसको समझने में हर एक क़दम पर हमारी रहबरी (मार्ग-दर्शन) करता है। उसके अदब की ख़ूबियों और कमियों से जिनको पतरस साहब ने अपने मज़्मून में ग़ैर-जानिबदारी से (तटस्थ होकर) बयान किया है, हम मुसन्निफ़ (रचनाकार) की जिंस से अलैहदा नहीं कर सकते और न ऐसा करने के लिए कोई तनक़ीदी (समीक्षात्मक), अदबी (साहित्यिक) या कीमियाई (रासायनिक) तरीक़ा ही मौजूद है।

''सर्द आहों और भीनी ख़ुशबू तक को रंग में समो कर दिखा दिया गया था।''

—'तिल'

"पसीने से गल चुके थे और उनमें मरघट जैसी चरांद...आने लगी थी।"

—'जाल'

"मर्दाना क़मीज़...सिग्रेट की बू में ग़र्क़ मलगजी-सी।"

—'हीरो'

"नीचे क्यारियों में से धनिये की नन्हीं-नन्हीं पत्तियाँ तोड़ कर सूँघने लगी।"

—'मेरा बच्चा'

इस्मत की सब हिस्सें (इंद्रियाँ) वक़्त पड़ने पर अपनी-अपनी जगह काम करती हैं और बिलकुल ठीक तौर से करती हैं। अज़ीज़ अहमद साहब का ये कहना कि जिंस (अर्थात् औरत होने की नियति) एक मर्ज़ की तरह इस्मत के आसाब (स्नायु-मंडल) पर छाई हुई है। वो इस मर्ज़ के लिए नुस्ख़े तजवीज़ न फ़रमाएँ। यूँ तो लिखना भी एक मर्ज़ है। कामिल (पूर्ण) तौर पर सेहतमंद आदमी जिसका दरजा-ए-हरारत (शारीरिक तापमान) हमेशा साढ़े अठानवे ही रहे, सारी उम्र अपनी ज़िंदगी की ठंडी स्लेट हाथ में लिए बैठा रहेगा।

अज़ीज़ अहमद साहब लिखते हैं—"इस्मत की हीरोइन की सबसे बड़ी ट्रेजडी ये है कि दिल से न उसे किसी मर्द ने चाहा और न उसने किसी मर्द को। इश्क़ एक ऐसी चीज़ है जिसका जिस्म से वही तअल्लुक़ है जो बिजली का तार से है। लेकिन खटका दबा दिया तो यही इश्क़ हज़ारों क़ंदीलों के बराबर रोशनी करता है। दोपहर की झुलसती लू में पंखा झलता है, हज़ारों देवों (बलिष्ठ व्यक्तियों) की ताक़त से ज़िंदगी की अज़ीमुश्शान मशीनों के पहिये घुमाता है और कभी-कभी ज़ुल्फ़ों को सँवारता और कपड़ों पर इस्त्री करता है...ऐसे इश्क़ से इस्मत चुग़ताई बहैसियत मुसन्निफ़ा (रचनाकार) वाक़िफ़ नहीं।"

ज़ाहिर है कि अज़ीज़ अहमद साहब को इसका अफ़सोस है। मगर ये इश्क़ जिससे अज़ीज़ अहमद साहब वाक़िफ़ मालूम होते हैं, ऐसा लगता है कि इन्होंने पंज-साला स्कीमों के मातहत (अंतर्गत) तैयार किया है और अब वो उसे हर इंसान पर आयद (लागू) कर देना चाहते हैं।

अज़ीज़ अहमद साहब को ख़ुश करने के लिए मैं फ़र्ज़ (स्वीकार) कर लेता हूँ कि इस्मत की ट्रेजडी कैसे वुक़ूअ पज़ीर (घटित) होती है कि दिल से न उसे किसी मर्द ने चाहा और न उसने किसी मर्द को।

इस्मत वाक़ई अज़ीज़ अहमद के तसनीफ़-कर्दा (निर्मित) इश्क़ से नावाक़िफ़

है और उसकी ये नावाक़फ़ियत ही उसके अदब का बाइस (कारण/आधार) है। अगर आज उसकी ज़िंदगी के तारों के साथ इस इश्क़ की बिजली जोड़ दी जाए और खटका दबा दिया जाए तो बहुत मुमकिन है कि एक और अज़ीज़ अहमद पैदा हो जाए। लेकिन 'तिल' और 'गेंदा', 'भूल-भुलैया' और 'जाल' तसनीफ़ (रचित) करने वाली इस्मत यक़ीनन मर जाएगी।

इस्मत के ड्रामे कमज़ोर हैं। जगह-जगह उनमें झोल है। इस्मत प्लॉट को मनाज़िर (दृश्यों) में तक़सीम (विभाजित) करती है तो नाप कर क़ैंची से नहीं करती। यूँ ही दाँतों से चीर-फाड़कर चीथड़ा बना डालती है...पार्टियों की दुनिया इस्मत की दुनिया नहीं। उसमें वो बिलकुल अजनबी रहती है...जिंस इस्मत के आसाब (स्नायु-मंडल) पर एक मर्ज़ की तरह सवार है...इस्मत का बचपन बड़ा ग़ैर-सेहतबख़्श रहा है...पर्दे के उस पार की तफ़सीलात बयान करने में इस्मत को यदे-तूला (कौशल) हासिल है...इस्मत को समाज से नहीं शख़्सियतों से शग़फ़ (दिलचस्पी) है....इस्मत के पास जिस्म के अहतिसाब (आकलन) का एक ही ज़रिया है और वो है मसास (मैथुन-समय का शरीर-मर्दन)...इस्मत के अफ़सानों की कोई सिम्त (दिशा) ही नहीं...इस्मत की ग़ैर-मामूली कुव्वते-मुशाहिदा (असाधारण निरीक्षण-क्षमता) हैरत में ग़र्क़ कर देती है...इस्मत फ़हश-निगार (अश्लील-लेखिका) है...हलका-हलका तंज़ और मज़ाह (हास्य और व्यंग्य) इस्मत के स्टाइल की मुमताज़ ख़ूबियाँ हैं...इस्मत तलवार की धार पर चलती है...

इस्मत पर बहुत कुछ कहा गया है और कहा जाता रहेगा। कोई उसे पसंद करेगा, कोई नापसंद। लेकिन लोगों की पसंदीदगी और नापसंदीदगी से ज़्यादा अहम चीज़ इस्मत की तख़्लीक़ी-क़ुव्वत (रचनात्मक-शक्ति) है। बुरी, भली, उरियाँ (नग्न), मस्तूर (छुपी हुई) जैसी भी है, क़ायम रहनी चाहिए। अदब का कोई जुग़राफ़िया नहीं है। उसे नक़्शों और ख़ाकों की क़ैद से, जहाँ तक मुमकिन हो, बचाना चाहिए।

अरसा हुआ, देहली के एक शरीफ़ दरवेश ने अजीबो-ग़रीब हरकत की। आपने 'उर्दू की कहानी, मेरी ज़बानी : इसे पढ़ने से बहुतों का भला होगा', जैसे उनवान (शीर्षक) से शाया (प्रकाशित) की। उसमें मेरा, इस्मत, मुफ़्ती, प्रेमचंद, ख़्वाजा मुहम्मद शफ़ी और अज़ीम बेग़ चुग़ताई का एक-एक अफ़साना शामिल था। दीबाचे (भूमिका) में तरक़्क़ी-पसंद अदब पर एक तनक़ीदी चोट 'मारूँ घुटना फूटे आँख' के मिस्दाक़ (चरितार्थ) फ़रमाई गई थी। और इस कारनामे को अपने

दो नन्हें-नन्हें बच्चों के नाम से मानून (संलग्न) किया था। उसकी एक कॉपी आपने इस्मत को और मुझे रवाना की। इस्मत को दरवेश की ये नाशाइस्ता (अशोभनीय) और भौंडी हरकत सख़्त नापसंद आई। चुनांचे बहुत भन्ना कर मुझे एक ख़त लिखा—"मंटो भाई, आपने वो किताब जो दरवेश ने छापी है, देखी? ज़रा उसे फटकारिए और एक नोट्स दीजिए निजी तौर पर कि हर मज़मून का जुर्माना दो सौ रुपए दो वरना दावा ठोक देंगे। कुछ होना चाहिए। आप बताइए, क्या किया जाए। ये ख़ूब है कि जिसका दिल चाहता है उठाकर हमें कीचड़ में लथेड़ देता है और हम कुछ नहीं कहते। ज़रा मज़ा रहेगा। इस शख़्स को ख़ूब रगड़िए, डाँटिए कि उलटा अलम-बरदार क्यों बन रहा है। हमारे अफ़साने उसने सिर्फ़ किताब बेचने के लिए छापे हैं। हमारी हतक है कि हर ऐरे-गैरे नत्थू ख़ैरे कमअक़्लों की डाँट सुननी पड़े। जो कुछ मैंने लिखा है उसको सामने रखकर एक मज़मून लिखिए। आप कहेंगे मैं क्यों नहीं लिखती तो जवाब है कि आप पहले हैं।"

जब इस्मत से मुलाक़ात हुई तो उस ख़त का जवाब देते हुए मैंने कहा, "सबसे पहले लाहौर के चौधरी मुहम्मद हुसैन साहब हैं, उनसे हम दरख़्वास्त करें तो ज़रूर मिस्टर दरवेश पर मुक़दमा चलवा देंगे।"

इस्मत मुस्कुराई, "तजवीज़ (ख़याल) ठीक है, लेकिन मुसीबत ये है कि हम भी साथ धर लिए जाएँगे।"

मैंने कहा, "अदालत ख़ुश्क जगह सही लेकिन करनाल शॉप तो काफ़ी दिलचस्प जगह है...मिस्टर दरवेश को वहाँ ले जाएँगे"...और इस्मत के गालों के गड्ढे गहरे हो गए।

—सआदत हसन मंटो

चिड़ी की दुक्की

नाम तो उनका अब्दुल हई था मगर दिलवालियाँ उन्हें प्यार से 'हाय' कहा करती थीं। वो थे भी सर से पाँव तक एक हसीन और दिलचस्प हाय। सोने की तरह दमकता रंग, सूरज की किरनों को शरमा देने वाले ख़मदार बाल, गहरी सब्ज़ आँखें...ऐसी कि एक बार कोई जी भर के उनमें झाँक ले तो जनम-जनम घनेरे जंगलों में भटकता फिरे। मीठी-मीठी मुस्कुराहट एक क़हर कि शहीद होने को जी चाहे। उन्हें देखकर ख़ुदा की क़ुदरत याद आ जाती थी। मालूम होता था बड़ी फ़ुरसत से मज़े ले-लेकर उन्हें गढ़ा है।

कमसिनी (कमउम्री) ही से उन्हें दिल दुखाने का चस्का पड़ चुका था। आसपास की तक़रीबन सब लड़कियाँ वक़्तन-फ़वक़्तन दिल हार चुकी थीं। जिस महफ़िल में चले जाते, दिलवालियों के कुश्तों के पुश्ते (टूटे दिलों के ढेर) लग जाते। शौहर अपनी बीवियाँ समेट कर चौकन्ने हो जाते। कुँवारियों की माँएँ फ़ौरन उनकी बहनों और माँ पर वारी-सदक़े होने लगतीं। कॉलिज में ही थे कि पैग़ाम (विवाह-प्रस्ताव) झड़ने लगे। नौकरी लगते ही तो लोगों ने यलग़ार बोल दी। बहनों की सहेलियों की तादाद इस तेज़ी से बढ़ी कि शुमार करना मुश्किल हो गया। दे दावतों पे दावतें होने लगीं। एक से एक तीखी सलोनी हसीना मए गाड़ियों-जहेज़ से उन्हें जीतने पर तुल पड़ीं।

अगर बज़ाज़ पचास-साठ थान खोलकर सामने फैला दे तो अक़्ल ऊँघ जाती है। इंतिख़ाब (चुनाव) मुश्किल हो जाता है। यही हाल बेचारे 'हाय' का हुआ। कभी एक पसंद आई, कभी दूसरी और कभी एक साथ कई-कई पसंद आ जातीं। और फिर सब जी से उतर जातीं। कोई उनके मुक़ाबले की थी भी कहाँ? वो थे भी हुकम का इक्का। उनके सामने कोई पान का अट्ठा था तो कोई

नहला या दहला। वैसे दिलवालियाँ तो चउए-पंजे से ज़्यादा नहीं थीं। जानती थीं, वो उनकी दस्तरस (पहुँच) से बाहर हैं। मगर दिल से मजबूर थीं। उन्हें देखकर ठंडी आहें भरने और आँसुओं से तकिये भिगोने से उन्हें कोई रोक सकता था?

और बेचारी आलिमा निरी पान की दुक्की थी। फ़र्क़ इतना था कि उसके सीने में शायद दिल नहीं था। क्योंकि अगर दिल होता तो वो ज़रूर 'हाय' के दूध जैसे सफ़ेद पैरों तले लोटता होता। बदसूरत इंसान से उन्हें चिढ़ थी। ख़ास तौर से औरत को तो बदसूरत होने का हक़ ही उनके नज़दीक न था। वो कहते थे कि अगर औरत हसीन नहीं तो है ही क्यों? इसीलिए आलिमा को देखकर उनके रोंगटे खड़े हो जाते थे। जी भर के काली, ऊपर से सींक-सलाई कि सुई के नाके में से घसीट लो...मुजस्सम (साक्षात) माशूक़ की कमर थीं। लोग उनके वालिदैन (माता-पिता) पर तरस खाया करते थे कि न जाने किस जनम की सज़ा भुगत रहे हैं। यहाँ अच्छी-भली हसीन जहेज़ वालियाँ उठाये नहीं उठतीं...ये अल्लाह की रहमत, इसे कौन अल्लाह वाला समेटेगा?...

थीं तो सींक-सिलाई, मगर सेहत बनाने का बड़ा शौक़ था। रोज़ाना शाम को रैकिट हिलाती आ धमकतीं। बरसों से बैडमिंटन खेलने पर तुली हुई थीं, मगर मजाल है जो एक हाथ भी मार जाएँ। सारे कोर्ट पर मकोड़े की तरह ऊल-जलूल फुदका करतीं। इस अनाड़ीपन पर जल कर 'हाय' फ़ौरन रैकिट फेंक कर धम से सीढ़ियों पर बैठ जाते।

"अरे अब्दुल हई साहब इतनी जल्दी थक गये!" वो अपनी छोटी-छोटी आँखें टपटपातीं। लफ़्ज़ अब्दुल से हाय को चिढ़ थी, जैसे ऊपर के काम का छोकरा।

"वरज़िश कीजिए अब्दुल हई साहब वरना मोटे थुल-थुल हो जाएँगे...।"

"शुक्रिया आपकी राय का आलिमा ख़ातून साहिबा।"

"फिर...।"

"हाँ फ़िर...?"

"कुछ नहीं।" आलिमा टाल गई।

"नहीं साहिब, तकल्लुफ़ न कीजिए...कहिए ना?"

"बेचारी दिलवालियों के ख़्वाब चकनाचूर हो जाएँगे।" आलिमा बदसूरत ही नहीं, बदज़ौक़ (नीरस क़िस्म की) भी थीं।

उस रात किसी के हसीन तसव्वुर (ख़ूबसूरत ख़याल) में ग़र्क़ होने की

बजाय अब्दुल हई ग़ुस्से से फनफनाते रहे, ''काली माई...न जाने अपने आपको क्या समझती है। कमबख़्त मरी हुई छिपकली! ख़ुदा क़सम उबकाई आती है।''

जब आलिमा को मालूम हुआ कि हई उसे चिड़ी की दुक्की कहते हैं तो वो गिलहरी की तरह महीन-महीन आवाज़ में ख़ूब हँसी। कहने लगी, ''चलो ज़िंदगी में एक बात तो अक़्ल की कही।'' दिलवालियाँ हाय के बारे में ऐसी गुस्ताख़ी की बातें सुनकर काँप उठीं।

''तुम्हारे सीने में तो दिल नहीं, जूते का तल्ला है।'' वो जल कर कहतीं।

''तल्ला बड़े काम की चीज़ होती है, पाँव में कंकर नहीं चुभते।'' आलिमा फ़लसफ़ा झाड़तीं।'' क्या इरादा है, क्या उम्र भर शादी नहीं करोगी?''

''करूँगी क्यों नहीं?''

''और मुहब्बत?''

''मुहब्बत बग़ैर शादी कब होती है। वो तो तलाक़ होती है। कोई भला आदमी मिला तो फिर शानदार इश्क़ किया जाएगा। फिर...!''

''हाय के बारे में क्या ख़याल है?''

''ज़िक्र भले आदमी का था।''

''तो वो भले आदमी नहीं?''

''तौबा करो, भले आदमी तो क्या उनको तो आदमी कहना ही दग़ाबाज़ी है।''

''तुम्हारा मतलब है...?''

''अब्दुल हई आदमी नहीं, माशूक़ हैं! भई मुझसे तो माशूक़ न झेले जाएँ! अरे कहाँ मैं नख़रे उठाती फिरूँगी!''

''तो तुम समझती हो कोई तुम्हारे नख़रे उठाएगा?''

''ज़रूर उठाएगा।''

''कौन?''

''जिसे ग़रज होगी वो नख़रे उठाएगा ही।''

''कभी आईने में मुँह देखा है?''

''रोज़ देखती हूँ और आईने से पूछती हूँ, आईने ऐ, आईने! है कोई दुनिया में मुझसे ज़्यादा हसीन? आईना कहता है, अजी तौबा कीजिए!'' आलिमा अपनी बदसूरती का ख़ूब मज़ाक़ उड़ाती।

एक नुस्ख़ा था तीर-ब-हदफ़ (अचूक), हज़ार बार का आज़माया हुआ।

जिसके इस्तेमाल से अब्दुल हई हमेशा सुर्ख़-रू (कामयाब) हुए थे...और वो था इश्क़ के मैदान में दुश्मन को ललकारना, उसे अपने इश्क़ में गिरफ़्तार करके सिसका-सिसका कर उसका हुलिया बिगाड़ देना। सख़्त तिकड़मबाज़ी की ज़रूरत होती है। इस फ़न में लड़कियाँ पहल करके आशिक़ होने की आदी नहीं, पहले उन पर आशिक़ होने का मुकम्मल नाटक खेलना पड़ता है। रफ़्ता-रफ़्ता उनका खेल नाटक ही बन गया। पहली लड़की से उन्हें ख़ुद-ब-ख़ुद इश्क़ हो गया था। सोलह बरस के थे, वो भी इतनी ही होगी। मगर उन्हें शादी के बाज़ार में अभी आने में देर थी। चुनांचे दो साल बाद लड़की की शादी हो गई। और जब ये बरसरे-रोज़गार हुए तो वो चार बच्चों की माँ बन चुकी थी। इस अरसे में इन्होंने कई इश्क़ किये। इश्क़ की मश्क़ (अभ्यास) से इनमें बड़ी पुख़्तगी आई। ऐसे-ऐसे गुर इन्होंने सीखे कि ख़ुद कोरे निकल आएँ और मुक़ाबिल (सामने वाला) चुप हो जाए। हाथ इतना साफ़ हो गया कि पलक झपकते फ़तूहात (विजय) हासिल होने लगीं। नज़र भर के देखा, दो-चार चटख़ते हुए जुमले तुली हुई आवाज़ में सरकाये, गम्भीर हरी-हरी आँखों से फंदा फेंका और माले-ग़नीमत समेट कर चल निकले।

मगर बदसूरत लड़कियों से इज़हारे-इश्क़ कोई कैसे करे। बदसूरत लोग अपने गिर्द चट्टानें खड़ी कर लेते हैं। तल्ला मज़बूत हो तो काँटा टूट जाता है। कम-उम्र भोली-भाली हसीना को बहलाना तो इन्हें आता था। और किसे नहीं आता? मगर आलिमा की तो वही मसल (कहावत) थी—ऊँट रे ऊँट तेरी कौन-सी कल सीधी। राह बनाने के लिए कोई तो रोज़न (खिड़की) चाहिए। खड़ंजे से सर फोड़ना कहाँ की समझदारी होगी?

ऐसी बेबसी उन पर कभी न छाई थी। सारी दिलवालियाँ भी मिल कर उस एक ज़ख़्म का मरहम न बन सकीं जो आलिमा की इस क़िलेबंदी से रिसने लगा था। उन्होंने बहुत जाल फेंके, मगर जली-कटी बहसों के सिवा कुछ हाथ न आया। सोचा ज़ाहिरी हुस्न (बाहरी सौंदर्य) के ज़िक्र से कतरा कर रूहानी हुस्न का ज़िक्र छेड़ा जाए। मगर आलिमा फ़िज़िक्स में रिसर्च कर रही थी। भूत-प्रेत से उसे दिलचस्पी न थी। वैसे वो कुछ ज़्यादा बाशऊर (सुसंस्कृत) और ख़ुश-ख़ू (सुशील) भी न थी। बहुत मग़रूर, कज-बहस (बेकार की बहस करने वाली), आवाज़ मीठी थी मगर बातें कड़वी-कसैली।

हई चिड़ गए। खिसियानी बिल्ली बन गए। अब वो मज़ाक़ में क़हक़हे

ज़गाकर अपनी अम्मी से कहते, "भई इस हसीना, मह-जबीना (चंद्रमुखी) को हमारा पैग़ाम भेज दो कि हम इस पर एक नहीं सौ जान से आशिक़ हो चुके हैं। ऐ परी-रू, रहम फ़रमा! वल्लाह अम्मी!" लड़की ज़ात ये हरकतें करती तो अम्मा की नाक-चोटी कट जाती, लेकिन बेटे की हर दिल-अज़ीज़ी पर वो भी फूली न समाती थीं। जब किसी लड़की से पींग बढ़ाते तो वो भी होने वाली बहू पर आशिक़ हो जातीं। उसके वो चाओ-चौंचले करतीं कि तौबा! फिर जब हई उकता जाते और उनका रवैया बदल जाता तो माँ का इश्क़ भी यकलख़्त (यकायक) रफ़ू-चक्कर हो जाता, बहनें भी रुखाई बरतने लगतीं। सच है, वही सुहागन है जिसको पिया चाहे। एकदम उसके ख़ानदान से किसी बात पर लड़ बैठतीं और बेटे की नाक रखने को कह देतीं, "अए भई, उस लड़की के तौर-तरीक़े ठीक नहीं...।" उसके बाद झट से एक लड़की की शादी हो जाती या कहीं दिल की मरम्मत कराने रवाना कर दी जातीं। और नयी उम्मीदवार के सामने माँ-बहनें मिलकर ख़ूब उसका मज़ाक़ उड़ातीं, "अए, हई ज़रा सीधे मुँह बात कर लेता था तो पता नहीं क्या समझने लगी अपने आप को। मुझे तो फूटी आँख नहीं भाती थी।" फिर सब मिलकर कोई नई लड़की पसंद करतीं...उसका आना-जाना बढ़ातीं...फिर सेहरे के फूलों और चढ़ावे के सुहाने ज़िक्र छेड़तीं। मगर आलिमा के लिए मज़ाक़ में भी पैग़ाम भेजने का ज़िक्र सुनकर चाहत की मारी अम्मी सहम गईं।

"ना बेटा, यूँ मज़ाक़ पराई लड़की का उड़ाना अच्छा नहीं, जो अल्लाह न करे उनके बाबा ने क़ुबूल कर लिया और..."

"तो क्या हुआ?"

"मुझे ऐसी बातें ज़रा नहीं भातीं। उनके बाबा वैसे ही ख़र-दिमाग़ हैं।"

"तो क्या हम उनकी साहब-ज़ादी (बेटी) को गाली दे रहे हैं? पैग़ाम ही तो भेज रहे हैं।"

"चल हट दीवाने (मूर्ख)। वो तो सर आँखों पर उठाएँगे पैग़ाम।"

शरारत हद से गुज़र जाए तो कमीनापन बन जाती है। ये मज़ाक़ कुछ इतना बढ़ा कि बात आलिमा के कानों तक पहुँची। सबने सोचा कि सुनकर रो ही तो पड़ेगी।

मगर तौबा कीजिए जनाब! आलिमा ने सुना तो कान पर हाथ रख कर बोली, "ना बाबा! मैं कहाँ जलेबियों की थाल पर से सारी उम्र मक्खियाँ उड़ाती

फिरूँगी। अब्दुल हई साहब ठहरे माशूक़, उनमें किसी का शौहर या बच्चों का बाप बनने की सलाहियत (योग्यता) ही नहीं। मुझ जैसी बदसूरत औरत की भी ये सज़ा नहीं होनी चाहिए। ऐसा छबीला दूल्हा मुझे कैसे हज़्म होगा?''

''अंगूर खट्टे वाली बात है। ऐसा हसीन दूल्हा मिल जाए तो...।'' दिलवालियाँ किलस गईं।

''ना भई, मैं क्या करूँगी हसीन दूल्हे का? कोई मुझे किराए पर चलाना है क्या?''

हई ने सुना तो अनार की तरह छूट निकले, ''बहुत सूर है कमबख़्त! सूरत से बढ़ कर दिल काला है।''

उधर आलिमा अपने थीसिस पर लगी हुई थी। बैडमिंटन कभी का ख़त्म हो गया था। उसका ज़िक्र भी फीका पड़ चुका था। फ़िज़ा कुंद थी। हई ने बौखला कर दो-तीन और हाथ मारे। एक बुते-काफ़िर (हसीना) पाकिस्तान से भी आई। मगर मालूम हुआ कि माल एक्सपोर्ट के लिए नहीं, हाँ दूल्हे को इम्पोर्ट किया जा सकता है मए-अमरीकन फ़र्म में नौकरी। आलिमा ने सुना तो बिलक उठी, ''अए-हए इन्हें एक्सपोर्ट करके चिलग़ोज़े मँगवा लिए जाएँ। अल्लाह कितना फ़ायदा रहेगा...क़ौम का भी फ़ायदा और मुल्क भी सुर्ख़रू...।''

दिलवालियाँ लड़ पड़ीं। अंगूर खट्टे इसलिए थू-थू...और जो मिल जाएँ तो हिप-हिप।

मगर आलिमा अपनी बात पर अड़ी रही। ''अब्दुल हई ख़ाँ का वजूद क़ौम और मुल्क के लिए फ़ख़्र की बात नहीं। वैसे औरत ज़ात के लिए तो वो ज़हरीला बल हैं। वो दिलों से खेलते हैं और खेलते रहेंगे। बूढ़े खूसट हो जाएँगे, पर यूँ ही मैदान मारते रहेंगे। न जाने कितने घर बिगाड़ेंगे, कितनों की बीवियाँ भगाएँगे और न जाने कितनों का दिल ख़ाक में मिलाएँगे!''

हई ने जब ये सुना तो ख़ूब हँसे, ''दरअसल आलिमा मुझ पर बुरी तरह आशिक़ है। इसलिए मुझे बदनाम कर रही है कि सब मुझसे ख़ौफ़ज़दा (भयभीत) हो जाएँ तो...''

अम्मा, बहनें तो आलिमा को कोसने लगीं। जल-कुकड़ी मुरदार और नयी उम्मीदवार के ख़्वाब देखने लगीं। अए-हए लोगो ग़ज़ब है कि नहीं। शहज़ादों को शरमा देने वाली शक्लो-सूरत, कमाऊ पूत और कुँवारा बैठा है। कभी देखा न सुना।

उबैद साहब फ़िज़िक्स के प्रोफ़ेसर आलिमा को थीसिस लिखने में मदद देते थे। चालीस-पैंतालीस बरस के होंगे। बीवी कुछ साल हुए दो बच्चे छोड़कर मर चुकी थीं। उनकी तरफ़ से आलिमा के लिए पैग़ाम आया, जो मंज़ूर कर लिया गया। आलिमा की भी मर्ज़ी थी। हई ने सुना तो क़हक़हों से घर सर पर उठा लिया, ''राम मिलाए जोड़ी, इक अंधा इक कोढ़ी। चलो दो घर नहीं बिगड़े।''

जब शादी की मुबारकबाद देने गए तो कह ही दिया, ''मगर आपने भी किस बोर से शादी का फ़ैसला किया है...।''

''ख़ैर ज़्यादा बोर तो नहीं...।''

''बहुत ज़्यादा बोर हैं। दूसरे इनकी शक्ल निहायत ख़तरनाक है। गंजे अलग हैं।''

''मुझसे भी ज़्यादा ख़ौफ़नाक शक्ल है?''

''बिलकुल, उनके सामने तो आप हसीन हैं।''

''सच? तो फिर इससे बेहतर जोड़ कहाँ मिलेगा? दुल्हन ज़्यादा हसीन होनी चाहिए।'' आलिमा चहकी।

''बुड्ढे अलग हैं।''

''दुल्हन को दूल्हे से उम्र में कम ही होना चाहिए।''

''आपको उनसे मुहब्बत है?''

''आप कौन होते हैं पूछने वाले?''

''आप तो जानती हैं, मुहब्बत मेरी हॉबी है, इसलिए...''

''ओह...थीसिस तैयार कर रहे हैं?'' आलिमा हँस पड़ी।

''हो सकता है?''

''मेरी थीसिस टाइप होकर आ जाए तब...''

''फ़ुरसत से इश्क़ का प्रोग्राम बनेगा।'' हई ने लुक़्मा दिया...

''ऐं? ख़याल बुरा नहीं।''

''बाक़ायदा प्रोग्राम बनाकर,'' हई भन्ना उठे, ''मुआफ़ कीजिएगा, ये निहायत चुग़दपन (घटियापन) है...ऐसे मुहब्बत की जाती है?...गोया ये भी थीसिस हो गई।''

''क्यों? वो आप एक्सपर्ट हैं ना। ठीक, बिलकुल ठीक...तो आपकी क़ीमती राय से अगर मुस्तफ़ीद (लाभान्वित) हो सकूँ तो...वैसे कुछ आपसे सीखा तो है। अंदाज़न कुछ मुश्किल काम नहीं। आप तो मश्शाक़ (दक्ष/माहिर) हैं...खटाखट

पाँच मिनट में मैदान साफ़।'' आलिमा ने चुटकी बजाकर कहा।

''आप क़तई अनाड़ी हैं।''

''ऊँह, कोई बात नहीं, उबैद साहब कुछ इश्क़-विश्क़ के साथ दिलचस्पी नहीं रखते। निहायत प्रैक्टिकल क़िस्म के आदमी हैं।''

''आप उनके साथ ख़ुश रह सकेंगी?''

''ख़ुश रहना इतना मुश्किल काम नहीं। अपना-अपना निजी तज्रिबा है। जहाँ तक मेरा तअल्लुक़ है, ग़रीबी, बदसूरती, बुरी सेहत, कोई बला भी मुझे आज तक पस्त न कर सकी। मुझे यक़ीन है मैं बहुत ख़ुश रहूँगी।''

''ये शादी नहीं होगी!''

''क्यों?''

''क्योंकि आप इश्क़ की तौहीन कर रही हैं।''

आलिमा और उबैद साहब की शादी नहीं हो सकी। हई ने उबैद साहब से जाकर साफ़-साफ़ कह दिया कि आलिमा उनसे शादी नहीं करना चाहती।

''क्यों?'' उबैद साहब भौंचक्के रह गए।

''क्योंकि वो किसी और से मुहब्बत करती है।''

''हैं? किससे?''

''मुझसे।'' हई ने मिस्कीन (मासूम) सूरत बनाकर आँखें झुका लीं।

''मगर...मगर आप!''

''जी...'' हई ने गर्दन झुका ली।

हई के जाने बाद उबैद साहब को यक़ीन हो गया कि आशिक़ वाक़ई अंधा होता है। घर में सफ़े-मातम (शोक-लहर) बिछ गई...मज़ाक़ की भी एक हद होती है।

''उस ग़रीब की ज़िंदगी बर्बाद करके तुझे क्या मिला?'' अम्मा ने आँसू भर के कहा, ''इस बदनामी के बाद अब निगोड़ी को कौन क़ुबूलेगा?''

''मैं ही भुगतूँगा कमबख़्त को।'' हई ने मुँह लटका लिया। आलिमा ने तूफ़ान सर पर उठाया, ''क़यामत हो जाए, मैं इस पगले से शादी नहीं करूँगी। इसलिए मुझसे शादी करना चाहता है कि सब औरतें इस पर रहम खाकर मेहरबानियाँ करती रहें।''

''पगला कैसे हुआ?'' लोगों ने पूछा, ''तुम्हें पसंद करता है इसलिए?''

''हाँ, इसीलिए। मुझमें ऐसी कौन-सी बात है जो कोई बा-होशो-हवास

इंसान पसंद करे।''

क्या-क्या हंगामे हुए। ख़ुदकुशियों की धमकियाँ चलीं।

''हाय तुझे तो चिड़ी की दुक्की से घिन्न आती थी,'' अम्मा बिलखीं।

''वो तो आती है और आती रहेगी।''

''फिर तुझे क्या हो गया है मेरे लाल, क्यों अपनी ज़िंदगी मिट्टी में मिला रहा है?''

''काली माई ने जादू कर दिया है।'' हई ने भोली सूरत बनाकर कहा और बड़ी धूमधाम से अपनी ज़िंदगी मिट्टी में मिला दी।

''देख लेना चार दिन में तलाक़ दे के मैके फिंकवा देगा,'' सबने पेशीन-गोई (भविष्यवाणी) की।

आज उस 'हादसे' को ग्यारह साल हो चुके हैं। बेहंगम जोड़े को देखकर दिल से एक लम्बी-चौड़ी हाय निकल जाती है।

सच है चिड़ी की दुक्की अगर तुरुप की हो तो हुकम का इक्का कट जाता है।

वो कौन था?

क़ुदरत जब सितम-ज़रीफ़ी (अत्याचार करने) पर उतर आए तो हज़रत इंसान का तमाशा बना देती है। ठाकुर साहब हरनाम सिंह ने कभी ख़्वाब में भी न सोचा था कि उन्हें इतने बड़े इम्तिहान से दो-चार होना पड़ेगा। या तो औलाद देने ही में ख़ुदा ने ग़फ़लत की और जब दिए तो एकदम दो बेटे! बेटा तो उनके यहाँ एक ही पैदा हुआ लेकिन एक से दो कैसे हो गए? ये भी एक अजीबो-ग़रीब क़िस्सा है।

ठकुराइन जब ब्याह कर आई थीं तो मुश्किल से पंद्रह साल की होंगी। राजस्थानी हुस्नो-जमाल का अछूता मुजस्समा (साकार रूप), ठाकुर साहब उनसे बारह साल बड़े थे, ख़ुद भी इकलौते थे और बड़ी जायदाद के तनहा वारिस। पिता का देहांत हो चुका था, बूढ़ी माँ को पोता खिलाने का बेइंतिहा अरमान था। लेकिन सारी मन्नतें-मुरादें मुँह देखती रह गईं। ठकुराइन की गोद न भरी। उन्होंने बेटे का दूसरा ब्याह करना चाहा। लेकिन वो अकड़ गए। ठकुराइन पर सौत लाने का वो ख़्वाब भी न देख सकते थे।

लेकिन बीस बरस पूरे भी न होने पाए थे कि ख़ुदा को उन पर रहम आ गया। बच्चे की आमद की तैयारियाँ ज़ोर-शोर से शुरू हो गईं। माताजी ने इतने कुर्ते और पोतड़े सिलवाए कि चार बच्चों को पूरे पड़ जाते। एक अलग कमरा सजाया गया। नीला, हल्का नीला कमरा, जिसकी छत पर सितारे टँके थे।

झाग जैसे लेस के पर्दे और सफ़ेद पंगूरा जिसके पाये-पटियों पर गंगा-जमुनी नक़्श (चित्र) थे और छोटी-छोटी घंटियाँ जड़ी थीं कि बच्चा करवट भी ले तो गुनगुना उठें। उन घंटियों को कुछ इस तरह लगाया गया था कि जब हिलती थीं तो सातों सुर बजते थे और कुछ ऐसी सुरीली आसमानी मूसीक़ी (लय) उभरती

थी जैसे फ़रिश्ते लोरियाँ गुनगुना रहे हों...और भी तरह-तरह के खिलौने सज़ाए गए। माताजी तो बच्चे के कमरे से ऐसे खेलती थीं जैसे बच्चियाँ गुड़ियों के घर से खेलती हों। एक तरफ़ छोटी-सी मेज़ पर घुटनों चलते बाल-कृष्ण जी सजा दिए गए, उनके सामने छोटे-छोटे दियों की क़तार रखी थी जिसमें लौ की जगह लम्बूतरा आध इंची बल्ब जड़ा हुआ था।

ठकुराइन की तबीयत ख़राब रहती थी। माताजी उनके लिए इमलियाँ तुड़वा कर खट्टा-मीठा कचूमर बनवातीं। ये इमली का पेड़ रहमत माई के छोटे से आँगन में था। वो रोज़ाना साफ़-सुथरी पकी इमलियाँ तोड़ कर रंग-बिरंगी टोकरी में भर के दे जाती। ख़ुद उसकी बेटी के भी बाल-बच्चा होने वाला था। उसका मियाँ बलवे में मारा गया था। ठाकुर साहब ने उसे अपनी कोठी के अहाते में पनाह दे दी थी। रहमत माई को कुछ कम सुनाई देता था। उसकी बदनसीब बेटी सग़ीरा दुनिया से मुँह मोड़े खाट पर पड़ी आँसू बहाया करती थी, दिन-ब-दिन उसकी सेहत गिरती जा रही थी।

जिस वक़्त ठाकुर साहब के लाल ने जनम लिया, कोठी के कोने से मातम की सदा (आवाज़) बुलंद हुई, सग़ीरा बच्चा पैदा होने के दस मिनट बाद चल बसी। कोई दाई भी बुलाने की नौबत न आई। अचानक ही बच्चा पैदा हो गया। रहमत माई को कुछ सुझाई न दिया। आनूल कैसे काटा जाए। मेहतरानी को उसने हाथ न लगाने दिया। वैसे ही बच्चे को झोली में डालकर ठाकुर साहब के पास पहुँची। वो ख़ुद बौखलाए हुए थे।

इसे डॉक्टरनी के पास ले जाओ। नाल तो काट दें, कुछ हो न जाए बच्चे को! उन्होंने जल्दी से माई को अंदर भेजा, ऐसे समय रहमत माई का अंदर जाना कुछ माताजी को अच्छा न लगा, लेकिन इससे पहले कि वो रोकतीं, रहमत माई अंदर घुस गईं। नर्स ने बच्चे को लेकर तौलिये में लपेटा और मेज़ पर लिटा दिया क्योंकि उधर माई ने कमरे में क़दम रखा बच्चे का नाल काटने तक नर्स ने माइ के नवासे का भी नाल काट दिया। क्या गोल-मटोल बच्चे थे। डॉक्टरनी ने ठाकु साहब के बच्चे को नहला कर सफेद फ़्राक पहनाया। लेकिन बाँध कर उसकी दादी की गोद में डाल दिया। उनके आँसू निकल आये। झट हाथ से दस तोले के सोने के कड़े उतार कर डॉक्टरनी को पहना दिए और पोते की बलाएँ लें लगीं। ठाकुर साहब भी खड़े मुस्कुरा रहे थे।

नर्स ने डॉक्टरनी से कुछ कहा, वो त्योरियाँ चढ़ा कर जल्दी से अंदर गइ

ठकुराइन बच्चे को पहलू में लिटाए मुस्कुरा रही थीं। थोड़ी देर के लिए डॉक्टरनी सन्नाटे में रह गई।

और क़ुदरत ने एक क़हक़हा लगाया, क्योंकि उसके बाद बौखलाहटों का एक तूफ़ान सारे घर पर टूट पड़ा। ठकुराइन कहती थीं जो बच्चा नर्स ने उनकी गोद में दिया वही उनका सपूत है। मगर दादी अम्मा ने जिस पोते की बलाएँ लेकर सोने के कड़े डॉक्टरनी को दिए थे वो अपनी गोद वाले बच्चे को ही पोता मानने पर बज़िद थीं। मगर ये सब हुआ कैसे? डॉक्टरनी पूरे यक़ीन के साथ कह सकती थी कि जो बच्चा उसने माताजी की गोद में दिया, वही ठाकुर साहब का बेटा है, लेकिन नर्स कहती थी उसे अच्छी तरह याद है कि उसने ठाकुर साहब के बच्चे को गुलाबी तौलिये में लपेटा था और माई का नवासा फ़ीरोज़ी तौलिये में लिपटा पड़ा था।

वाह! क्या मैं अपने बच्चे को न पहचानूँगी। ठकुराइन फ़ीरोज़ी तौलिये के चक्कर में नहीं पड़ना चाहती थीं और उनकी गोद का बच्चा बिलकुल बाप पर गया था, हाँ ठोढ़ी माँ पर थी। लेकिन ठाकुर साहब को दोनों बच्चे गोश्त की बोटी की शक्ल के मालूम हो रहे थे। माताजी कहती थीं कि उनकी गोद वाला बच्चा ही उनका पोता है, क्योंकि उसकी तरफ़ उनका कलेजा खिंच रहा है।

लेकिन फिर सब चुप हो गए। रहमत माई खम्भे से लगी बैठी आँसू बहा रही थी। मस्जिद से लोग बेटी का कफ़न-दफ़न करने आए हुए थे। वो नवासे को क्या पहचानती, वो तो ख़ुद को भूली हुई ग़म के बोझ से दबी जवान बेटी की मौत का धक्का सहारने में जुटी हुई थी।

ठकुराइन ने जब माई के नवासे को देखा तो भौंचक्की रह गईं। न जाने क्या सनक सवार हुई कि रो-रो कर हलकान हो गईं। लोग उन्हें धोखा क्यों दे रहे हैं। ठीक कहती हैं माताजी, उनकी गोद का बच्चा ही उनका पूत है। लेकिन जब नर्स उनके पहलू से बच्चा उठाने लगी तो मचल गईं।

फिर सब बिलकुल बदहवास हो गए। एकाएकी ठकुराइन दोनों बच्चों को समेट कर अड़ गईं कि मेरे तो जुड़वाँ पैदा हुए हैं, तुम लोग तूफ़ान जोड़ रहे हो।

दूसरे दिन एक हंगामा खड़ा हो गया। सब सोच रहे थे कि दिन की रोशनी में दूध का दूध और पानी का पानी अलग हो जाएगा। अपना बच्चा भला छुप सकता है! ख़ून की कशिश भी कोई चीज़ है! लेकिन जैसे ही उनके पास से एक बच्चा उठाया जाता, वो अपना फ़ैसला बदल देतीं। ठकुराइन की ऐसी हालत हो

गई कि बड़ा डॉक्टर बुलवाना पड़ा।

और सारे मुहल्ले में ख़बर फैल गई कि बच्चे गड्ड-मड्ड हो गए और मुहल्ले से बात शहर तक पहुँची। चैमीगोइयाँ होने लगीं। किसी ने कुछ कहा, किसी ने कुछ...रहमत माई हर्राफ़ा (नीच औरत) है, जान-बूझ कर ड्रामा खेला गया है ताकि उसका नवासा ऐश करे और बेचारा ठाकुर साहब का बच्चा भीख माँगे। घोर पाप हो जाएगा! एक हिन्दू का बच्चा मुसलमान के घर पलेगा, संस्कृति को ठेस लगेगी, ये एक गिरोह के लोगों की राय थी।

दूसरे गिरोह (समुदाय) के लोगों का ख़याल था कि ठाकुर साहब ने जानबूझ कर घपला किया है। इस तरह वो एक मुसलमान बच्चे को अपने क़ब्ज़े में करने पर तुले हुए हैं।

ख़ूब बहसें चलीं। कई मुहल्लों में तनाव फैल गया। एक हिन्दू लड़के ने एक मुसलमान को थप्पड़ मार दिया।

बस दो-चार छुरियाँ चलीं। ख़ून-ख़राबे होने लगे। पुलिस नाकों पर डट गई, बलवे पर क़ाबू पा लिया गया। बाद में पता चला कि हिन्दू लड़के ने जिस मुसलमान को थप्पड़ मारा था वो मुसलमान नहीं, हिन्दू ही था।

सब झूठ! बलवे में दिलचस्पी रखने वाला गिरोह बोला और बलवा बढ़ता गया। दोनों फ़िरक़ों के जलसे और मीटिंगें होने लगीं। वफ़्द (प्रतिनिधि-मण्डल) अफ़सरों की ख़िदमत में हाज़िर हुए। फ़ौरन सुपरिन्टेंडेंट साहब मय-सारजेंटों के दौड़े आए।

''दोनों बच्चों को तस्फ़िया (फ़ैसला) होने तक सरकारी अस्पताल में भेज दीजिए।''

''क्यों, मैं अपना इकलौता बच्चा ख़ैराती अस्पताल में क्यों भेजूँ?'' ठाकुर साहब अकड़ गए।

लेकिन सवाल ये था कि उनका बच्चा कौन-सा है? ठकुराइन ने रो-रो कर बुरा हाल कर रखा था। कभी एक को छाती से लगातीं, फिर दिल दूसरे की तरफ़ खिंचने लगता। उन्होंने कह दिया कि एक भी बच्चे को किसी ने हाथ लगाया तो वो हश्र बरपा कर देंगी। पुलिस में हिम्मत है कि बच्चे को ले जाए!

ज़ाहिर है ऐसे वक़्त में ठकुराइन से ज़िद बाँधना उन्हें क़त्ल करने के बराबर था। उनका दिमाग़ी तवाज़ुन (संतुलन) बिगड़ जाने का ख़तरा था।

वैसे सभी का दिमाग़ी तवाज़ुन डगमगा रहा था। ख़ुदा ने बरसों बाद एक

बच्चा दिया और वो भी इस खटाई में पड़ गया। इसकी वजह से ख़ून-ख़राबे हो रहे हैं। ठाकुर साहब हैरानो-परेशान थे और बेबस भी।

"बच्चों को ज़रा बड़ा होने दीजिए, हफ़्ते दो हफ़्ते में कुछ नाक-नक़्शा निकल आएगा। पहचान पड़ जाएँगे।" लोगों ने राय दी।

रहमत माई चौखट पर बैठी रो रही थी। मेहरबानी करके उसका नवासा दे दिया जाए तो वो अपने वतन पीलीभीत ले जाकर किसी आँखों वाली ख़ुदा-तरस औरत की गोद में डाल दे। बिन माँ-बाप का बच्चा पल तो जाएगा, अब वही दुनिया में उसका सब कुछ था। इकलौती बेटी की आख़िरी निशानी!

और जब बुढ़िया को हक़ीक़त समझाने की कोशिश की गई तो वो पछाड़ें खाने लगी। मजबूरन ठाकुर साहब ने कहा, "दे दो कमबख़्त को बच्चा कि पाप कटे!"

सवाल ये था, कौन-सा बच्चा?

"मुझ अंधी को कुछ नहीं सूझता, तुम आँख वालों के भी दीदे फूट गए।" रहमत माई बड़बड़ा रही थी, "ग़रीब बुढ़िया का टेटुआ दबाना है तो दूसरी बात है।"

बड़ी झक-झक के बाद एक बच्चे के हक़ में फ़ैसला हुआ कि वो बुढ़िया का नवासा है। लेकिन उसमें एकदम माताजी को अपने पति यानी बच्चे के दादा की शबाहत (छाया) नज़र आने लगी। वो छाती पीटने लगीं।

अब तो रहमत माई को यक़ीन हो गया कि वो लोग उसे झाँसा दे रहे हैं। वो फूटकर रोई कि कलेजे हिल गए!

डरते-डरते फिर दूसरे के हक़ में फ़ैसला किया गया। लेकिन उसे लेकर रहमत माई अँगनाई तक मुश्किल से गई होंगी कि ठकुराइन के दाँत भिंच गये, मुँह से झाग जाने लगा।

"ज़रा सोचो तो जिसे बुढ़िया ले जा रही है, दरअसल वही उनका पूत है। कोई गारंटी कर सकता है कि गुत्थी वाक़ई सुलझ गई। फ़ैसला ठीक हुआ है?"

बड़े सोच-विचार के बाद ठाकुर साहब ने रहमत माई को समझाया, "तुम बच्चा पाल तो सकतीं नहीं, किसी से पलवाओगी। मुझे पाल लेने दो। तुम भी जैसे रहती थीं, रहो। तुम्हारी नज़रों के सामने रहेगा।" ठाकुर साहब जानते थे कि बच्चे दोनों नज़रों के सामने रहेंगे। लेकिन उनका बच्चा तो खो गया। वो उसे पूरे यक़ीन के साथ नहीं देख सकते, शक कैसे दूर होगा? रहमत माई चुपचाप

सुनती रहीं, फिर बोलीं, "साफ़ बात है ठाकुर साहब बच्चा आपके यहाँ पलेगा, आपके धरम पर चलेगा। ये कैसे हो सकता है, हश्र के दिन ख़ुदा को क्या मुँह दिखाऊँगी कि एक मोमिन का बच्चा काफ़िर बना दिया। मेरी आक़िबत (परलोक) ख़राब हो जाएगी और फिर बड़े मौलवी साहब तो जमाअत से बाहर करने को कहते हैं। मेरी तो जैसे मिट्टी पलीद हो जाएगी। ख़ुदा का वास्ता मेरा बच्चा मुझे दे दो।"

"तुम्हारा बच्चा मैं देना चाहूँ तब भी नहीं दे सकता। हाँ, अगर तुम सोचती हो कि तुम अपना नवासा पहचान सकती हो तो मैं तुम्हारा बेहद शुक्र-गुज़ार होऊँगा। मेरी मुश्किल भी वही है जो तुम्हारी। मेरे ऊपर भी लोग दबाव डाल रहे हैं। समझते हैं मैं जानबूझ कर बन रहा हूँ, मुसलमान बच्चा हड़प करना चाहता हूँ।"

"और मुझे कह रहे हैं कि आपकी दौलत की लालच में जानकर मैंने ये सारा स्वांग रचाया है। आपको बेवक़ूफ़ बना रही हूँ।"

लेकिन शहर में तूफ़ान उठा हुआ था। अख़बारों के ज़रिये ख़बर फैल रही थी। साथ-साथ आग भी फैल रही थी।

इस्लाम ख़तरे में!

हिंदू धर्म शिट हो रहा है!

नारे लग रहे थे। मज़हबी पार्टियों से आगे बढ़ कर सियासी पार्टियों ने बात लपक ली थी और जलसे हो रहे थे, फ़ंड जमा किए जा रहे थे, एक-दूसरे पर ग़ंदगी उछाली जा रही थी।

"मुल्क के साथ नाइंसाफ़ी और जुल्म!"

"मुल्क का बँटवारा काफ़ी नहीं, अब हर घर में एजेंट छोड़े जा रहे हैं।"

"नाज़ियों की तरह बच्चे मुलहिद (विधर्मी) बनाये जा रहे हैं।"

"ये सब नक्सलाइट की कारस्तानी है।"

"जम्हूरियत (लोकतन्त्र) पर ज़बरदस्त चोट!"

"इसमें चीन का हाथ है, हमारे निज़ाम (व्यवस्था) को दरहम-बरहम (तहस-नहस) करने के लिए।"

"सी.आई.ए. सबूताज कर रहा है।"

"गद्दी छोड़ो!"

और फिर पार्टियों में इस सवाल पर जूते चल गये...फूट पड़ने लगी...

मिनिस्ट्रियाँ डगमगाने लगीं...

इधर कभी लोग रहमत माई को भड़काते और वो ख़ुदा का क़हर बन जाती। न अच्छी तरह सुन न देख पाए, न हाथ-पैरों पर क़ाबू। एकदम गाली-गलौच पर उतर आई कि बौखला कर ठाकुर साहब उसे एक के बजाय दोनों बच्चे दे देने पर राज़ी हो जाते।

लेकिन जब वो भी मुतमइन (आश्वस्त) न हो पाती कि अपना नवासा ही मिल रहा है तो ग़ुस्से और झुँझलाहट में आकर चौखट पर माथा फोड़ने लगती, "अल्लाह रसूल का वास्ता मेरा नवासा मुझे दे दो!" वो घिघियाती तो सबके कलेजे मोम हो जाते।

ऐसा भी होता कि लोगों का ध्यान किसी दूसरे गर्मागर्म हादिसे की तरफ़ बटा हुआ होता और वो हिंदू-मुस्लिम बच्चों के सवाल को भूलकर किसी और सिलसिले में लड़ने-झगड़ने लगते। तब रहमत माई दुआएँ पढ़-पढ़ कर दोनों बच्चों पर फूँकती, अल्लाह पाक सब हिसाब-किताब समझता है। दुआ यक़ीनन उसके नवासे के खाते में ही जमा होगी। इंशा-अल्लाह कोई ख़यानत न होगी।

ठकुराइन भी सब कुछ भूल-भाल कर सीधी-सादी माँ रह जातीं। उनके प्यार के प्यासे दिल में दो से ज़्यादा बच्चों के लिए जगह पड़ी थी।

बस माताजी की जान अजीब मुसीबत में थी। वैसे वो दोनों ही बच्चों पर अपनी झिझकती हुई मुहब्बत न्यौछावर करने को तैयार थीं, लेकिन उन्होंने अभी तक अपने पोते को भगवान के चरणों में नहीं डाला था। कैसे डालतीं? कहाँ था उनका पोता?

और ठाकुर साहब ने कई बार जेब से रुपया निकाल कर टास भी कर देखा।

लेकिन दिल को सुकून और यक़ीन न मिला। रुपए का कहना मानकर उन्होंने एक बच्चा माई को दे दिया। क्या मालूम वही उनका अपना हो? उन्हे ब्लड-टेस्ट पर भरोसा था। ख़ून की जाँच पड़ताल होने के बाद ज़रूर मुअम्मा (पहेली) हल हो जाएगा। इसलिए बच्चों के ज़रा बड़े होने का इंतज़ार था। इतने छोटे बच्चों के ख़ून टेस्ट करवाने के ख़याल से ही ठकुराइन तूफ़ान उठाने लगतीं। वैसे सब उन्हीं को मुजरिम कहते थे। ऐसी भी क्या माँ जो बच्चे को न पहचान पाए। गाय, बकरी, कुतिया, बिल्ली तक पहचान लेते हैं। आप-ही-आप माँ को पता चल जाता है। लेकिन ठकुराइन इस बला की थीं कि जैसे मिट्टी का तोदा

पहले तो माता जी ने बहू को डाँटा-फटकारा। लेकिन जब वो धारों-धार रोईं, क़समें खाईं कि वाक़ई वो ख़ुद बहुत ज़ोर लगाती हैं लेकिन पता ही नहीं चलता, और न कोई उम्मीद है कि चल सकेगा। बस उन दो में से एक तो उनका अपना है ही।

उधर शहर में कुछ सूबाई इलेक्शन शुरू हो रहे थे। मुख़्तलिफ़ गिरोह (विभिन्न दल) एक दूसरे पर छींटे कस रहे थे। उन दो बच्चों का सवाल फिर से उठ खड़ा हुआ। जब कोई सज्जन अपनी कार-गुज़ारियों के बारे में भाषण देने को खड़े होते, बच्चों के इस अल्मीये (त्रासदी) को दरम्यान में ज़रूर घसीट लाते और जो तबाह-कारियाँ उन बच्चों के गड-मड हो जाने से शहर में फैल रही थीं, वो उन पर अपनी राय-ज़नी करते और ज़ोर-शोर से वादा करते कि अगर वो इलेक्शन में जीत गये तो इस तरह के ख़ौफ़नाक घपले बिलकुल न होने पाएँगे। क्योंकि वो अपने फ़िरक़े के हक़ूक़ (अधिकारों) की ख़ातिर अपना ख़ून पसीना एक कर देंगे।

मुख़ालिफ़ीन भी चूकने वाले न थे। उन्होंने ठाकुर साहब की क़ौम-परस्ती और दूर-अंदेशी को सराहा कि किस होशियारी से उन्होंने मुख़ालिफ़ फ़िरक़े का बच्चा हिंदुआ डाला। अगर सारी क़ौम में ऐसी जागृति आ जाए तो मुल्क के सारे दलिद्दर दूर हो जाएँगे।

इस बयान पर मुसलमानों में कोहराम मच गया। अगर इसी तरह मुस्लिम बच्चों का ग़बन होता रहा तो बहुत जल्दी इस्लाम के नाम-लेवा ख़त्म हो जाएँगे। क़ौमी रहनुमाओं के वफ़्द पर वफ़्द (प्रतिनिधि मंडल) सरकार पर ज़ोर डालने लगे। दोनों तरफ़ से जहाँ किसी की इलेक्शन मुहिम ठंडी पड़ने लगती, लोग भजन-मंडलियों और क़व्वालों के हंगामों के बावजूद जलसों की तरफ़ से बेतवज्जुही बरतते तो फ़ौरन कैंडीडेट बच्चों के घपले का सवाल पैदा कर देते, एकदम लोगों में जान पड़ जाती, शद्दो-मद से जलसों में जाने लगते।

फिर वो वक़्त भी आ गया कि बच्चों का ब्लड टेस्ट किया गया। सारी रात ठकुराइन करवटें बदलती रहीं। राम जाने कौन-सा बच्चा उन्हें मिलेगा? कौन-सा रहमत माई ले जाएगी? उनकी बरसों से तरसी हुई ममता दोनों बच्चों पर तूफ़ान की तरह फट पड़ी थी। बार-बार उठकर बच्चों को तकती रहीं। दोनों गोल-मटोल हो गए थे, दोनों का रंग गोरा था...एक राजपूत था, दूसरा पठान! कभी दोनों के दादा परदादा एक ही पेड़ के पत्ते रहे होंगे। थोड़े और बड़े हो

जाएँ तो पता चलेगा। अभी तो बस चीनी के गुड्डे जैसे थे। साथ-साथ सोते-जागते, साथ ही खाते-पीते। इसलिए बिल्कुल जुड़वाँ बच्चों की तरह एक ही जैसे मालूम होते। दोनों में से वो एक को नहीं चुन पा रही थीं।

ठाकुर साहब ने जब ब्लड टेस्ट के मानी (अर्थ) समझाए तो ज़मीन-आसमान एक कर दिया, ''हाय! मैं अपने लाल का लहू निकालने दूँगी? डॉक्टर से कहो कि नब्ज़ देखकर जो फ़ैसला करना हो, कर दें।''

छोटी-बड़ी कौन-सी बीमारी है जो डॉक्टरों से छुपी है, देर-सबेर सब ही की पकड़ हो जाती है। मगर कौन माई का लाल है जो नब्ज़ देखकर मज़हब या अक़ीदा पहचान जाए।

लेकिन ठकुराइन के दिमाग़ में ये बात ठूँसने का कोई रास्ता न था। डॉक्टरों ने भी कहा कि ज़रूरी नहीं कि सही फ़ैसला हो जाए। ये ज़रूरी नहीं कि बाप-बेटे का ख़ून एक ही ग्रुप का हो। ठकुराइन ग्रुप-स्रुप क्या समझतीं। बस यही कहे जाती थीं, जो डॉक्टर नब्ज़ देखकर न पहचान पाए वो पाखंडी है, जूते मार के निकाल दो। वो दोनों को लेकर कुंडी चढ़ाकर कमरे में बैठ गईं।

उनके इस रवैये पर और भी रंग-बिरंगी अफ़वाहें उड़ने लगीं।

''असल में ठकुराइन का बच्चा ठाकुर साहब से नहीं किसी और से है। इसलिए वो ब्लड टेस्ट से कतरा रही हैं।''

इंसान ख़स्लतन (प्रकृति से) आदमख़ोर है। अब खाना हराम हो गया है तो मुँह में पानी भरता है। चिढ़ कर दुख पहुँचा कर ही कलेजा ठंडा कर लेता है। जिस्मानी तोड़-फोड़ और काट-छाँट से जी नहीं भरता तो दिलो-दिमाग़ में बर्मा करके तेज़ाब भरना चाहता है। इस अफ़वाह ने ठाकुर साहब को झिंझोड़ कर रख दिया। बेटे की ख़ुशी तो मिट्टी में मिल ही चुकी थी, अब दिल में एक गंदे शक ने डंक उठाया, सहम कर पास-पड़ोस पर नज़र डाली...ठकुराइन का यार कौन है? जी चाहा उसी वक़्त तीनों को मौत के घाट उतार दें, फिर अपने भेजे में गोली मार लें।

उधर रहमत माई आक़िबत (परलोक) के बोरिये समेटने पर तुली हुई थी। बच्चे के कान में अज़ान देने के लिए मौलवी लाई थीं, तभी माताजी और ठकुराइन राम-राम कह उठी थीं। बड़ी खींच-तान के बाद ये फ़ैसला हुआ था कि फ़िलहाल दोनों के कान में अज़ान दिलवा दी जाए। अल्लाह का नाम कान में पड़ने से कोई नुक़सान नहीं। जब मौलवी अज़ान देकर सवा रुपया फ़ी-बच्चा के हिसाब

से ढाई रुपए लेकर चलता बना तो माताजी ने रहमत माई की रीं-रीं की परवाह किए बग़ैर बच्चों पर गंगा-जल छिड़का और आरती उतार दी।

अब रहमत माई को हुड़क उठ रही थी, बच्चों की मुसलमानियाँ हो जाएँ तो अच्छा है, फिर बड़ा हो गया तो तकलीफ़ ज़्यादा होगी।

लेकिन ठकुराइन बच्चों के मुतअल्लिक (सम्बन्ध में) कोई भी छुरी-चाक़ू वाली बात नहीं सुनना चाहती थीं। उन्होंने साफ़-साफ़ कह दिया कि अगर उनके बच्चे को हाथ लगाया तो रहमत माई की गर्दन काट देंगे।

बच्चे तो बच गए। लेकिन इस बात पर हंगामा हुआ और दो-चार गर्दनें कट गईं। बात बढ़ती चली गई। कुछ मनचलों ने रहमत माई के कोठे को आग लगा दी और वो अपना सामान समेट कर कोठी में ले आई। मुख़ालिफ़ीन (विपक्षी) क्यों चुपके बैठते। लूट-मार तो कुछ लोगों की आमदनी का वाहिद (एकमात्र) ज़रिया है। काम की चीज़ें लूट लीं, कूड़ा जला दिया।

उस वक़्त दो-एक पार्टियों में ज़ोरों का जूता चल रहा था। हुकूमत के ख़िलाफ़ लोगों को भड़काने में कुछ देर नहीं लगती। लोग वैसे ही महँगाई, बेरोज़गारी और घरों की क़िल्लत से भरे बैठे रहते हैं, बात-बात पर स्ट्राइक और बंद लग जाते हैं। फ़िरक़ा-वाराना फ़साद शुरू हो जाए तो सारे बंद और स्ट्राइक भूल कर लोग फ़िरक़ा-परस्तों को गालियाँ देने में मसरूफ़ हो जाते हैं। इस तरह जो ग़रीब मजबूर लोग मारे जाते हैं तो कुछ आबादी के मसअले पर भी ख़ुशगवार असर पड़ता है। लेकिन इन दो बच्चों के मसअले ने बेहद गम्भीर सूरत अख़्तियार कर ली। रहमत माई का कोठा जलाया गया, इसके जवाब में ठाकुर साहब की कोठी जलाने की कोशिश की गई। हालाँकि वो कोठा जिसमें माई रहती थी, ठाकुर साहब ही का था, लेकिन इंतिक़ाम में अक़्ल कौन ज़ाया करे!

मुसलमानों का एक लम्बा जुलूस कोठी के गिर्द आकर रुका। नारे लगने लगे...जवाब में दूसरी तरफ़ से फ़ौरन हिन्दुओं का मजमा आ गया और बाक़ायदा मोर्चा क़ायम हो गया। रहमत माई भूली-बिसरी आयतें पढ़-पढ़ कर फूँकने लगीं और ठकुराइन ने बच्चों को गोद में ले लिया और कोठे पर जाकर डट गईं। ज़ीने पर ठाकुर साहब बंदूक़ तान कर खड़े हो गए। नौकर-चाकर खिड़कियाँ-दरवाज़े बंद करने लगे।

बाहर बाक़ायदा दोनों मोर्चे डटे हुए थे।

"रहमत माई को जबरिया क़ैद से आज़ाद किया जाए और उसका नवासा

उसके सिपुर्द किया जाए।'' मुसलमानों की माँग थी।

''रहमत माई और उसके नवासे को एक ठाकुर का घर गंदा करने की सज़ा मिलनी चाहिए...।'' हिन्दू कह रहे थे।

''रहमत माई ज़िंदाबाद!''

''रहमत माई मुर्दाबाद!''

और रहमत माई ख़ुश-क़िस्मती से ऊँचा सुनती थी। वो सिर्फ़ शोरो-गुल सुन रही थी, जो उसने अपने जवान दामाद की मौत से पहले सुना था।

बातों के बाद फ़रीक़ीन (दोनों पक्ष) एक-दूसरे पर ईंट-पत्थर फेंकने लगे, फिर चाक़ू और छुरियाँ निकल आईं।

ठाकुर साहब फ़ोन पर फ़ोन कर रहे थे। धड़ाधड़ उन्होंने हवा में चंद फ़ायर किए, दंगाई एकदम हड़बड़ा कर भागे।

''सुनो भाइयो, सुनो!'' ठाकुर साहब चिल्लाये, मजमा ठिठक गया। उन्होंने पूरे मजमे (जन-समूह) पर एक उड़ती हुई निगाह डाली। लोग आजकल ऐसा लिबास पहनते हैं कि अंदाज़ा लगाना मुश्किल हो जाता है कि कौन हिन्दू है और कौन मुसलमान! ज़्यादातर मैले-कुचैले नेकर और उटंगे पतलून पहने हुए थे।

लोग फिर चिल्लाने लगे, ''रहमत माई को रिहा करो! बच्चा वापिस दो!!''

''रहमत माई डायन है! बच्चा मलेच्छ है! निकालो दोनों को!''

''अच्छा, अच्छा मैंने सुन लिया। मैं वादा करता हूँ, आप लोग कल सुबह तशरीफ़ लाइए, आप लोग जो फ़ैसला करेंगे, आप सब के सामने उस पर अमल करूँगा। ठीक?''

थोड़ी देर खद-भद खिचड़ी पकती रही। फिर लोग अपनी राय देने लगे। वो क्या कहना चाहते थे, ठाकुर साहब सुन नहीं पाए क्योंकि उसी वक़्त पुलिस की जीपें सनसनाती आन पहुँचीं। आते ही दनादन फ़ायरिंग होने लगी। जैसे दंगाइयों को दंगा करने की जगह बेदयानती से समझौता करते देखकर पुलिस चिढ़ गई हो। दम भर में मैदान साफ़ हो गया। ठाकुर साहब ने तमाम तफ़सील बताई और बरवक़्त पहुँचने का शुक्रिया अदा किया।

''ठाकुर साहब आप आग से खेल रहे हैं, ख़त्म कीजिए इस मज़ाक़ को। रहमत माई और उसके नवासे को हम पुलिस की हिफ़ाज़त में ले जाते हैं...।''

ठाकुर साहब सर झुकाए सोचते रहे। वाक़ई अब उन्हें फ़ैसला करना होगा, यूँ काम न चलेगा।

“अमन-आमा (शांति-व्यवस्था) में ख़लल पड़ रहा है। ये आग बहुत ख़तरनाक सूरत अख़्तियार कर सकती हैं।”

“जी मैं समझ गया, आप फ़िक्र न करें। जैसा आप कहते हैं, वैसा ही होगा।”

“तो फिर देर न कीजिए।”

“आज और रहने दीजिए, रहमत माई की तबीयत भी अच्छी नहीं, बच्चे सो रहे हैं। जगाया तो कच्ची नींद में हलकान हो जाएँगे। फिर ठकुराइन को भी समझाना है।”

“वो समझ जाएँगी?”

“क्यों न समझेंगी, एक दिन तो फ़ैसला होना ही है।”

पुलिस अफ़सर के जाने के बाद वो अंदर नहीं गए, बाहर ही टहलते रहे। सारे लॉन पर पथराव की वजह से ईंट-पत्थर पड़े थे। वो पैर बचा-बचा कर चलते रहे।

फिर वो अंदर गए, बच्चों के कमरे में ज़ीरो पावर का नीला बल्ब जल रहा था...नीला कमरा...नीले पर्दे...नीली रोशनी में जैसे आकाश का कोई अछूता कोना था, जहाँ दो नन्हें-नन्हें फरिश्ते मीठी नींद सो रहे थे। सफ़ेद बेबी-बेड पर दोनों बच्चे अड़े सोये हुए थे। ठकुराइन कई दिन से तक़ाज़ा कर रही थीं कि बच्चों के लिए एक और बेड मँगवाइए, बड़े हो रहे हैं, एक-दूसरे को हाथ मारेंगे। वो मुस्कुरा पड़े।

हिन्दू-मुसलमान जो ठहरे! लात-घूँसा न चलाएँगे तो खाना कैसे हज़म होगा।

ग़ौर से वो बच्चों को देख रहे थे, जैसे पूछ रहे हों, “तुम कौन हो?” जैसे बच्चे वाक़ई बोल ही पड़ेंगे।

ठकुराइन पहले तो बहुत बिगड़ीं। लेकिन जब मालूम हो गया कि कोई और चारा नहीं तो दोनों को एक-एक घुटने पर डाले सारी रात बैठी सिसकियाँ भरती रहीं। सिर्फ़ एक रहमत माई थी जो पड़ी खर्राटे लेती रही। जैसे उसका नवासा मिल गया हो। बाक़ी सबने रात आँखों में काट दी।

सुबह सबके चेहरे पीले हो रहे थे। ठकुराइन की आँखें सूज रही थीं।

फिर फ़ैसले का वक़्त आ गया। दरबार सजा...लोग तमाशा देखने जमा हुए...पुलिस का इंतज़ाम क़ाबिले-तारीफ़ था...ठाकुर साहब बरामदे में बैठे थे...

ठकुराइन ने दोनों को नहला कर प्यार किया...कुर्ते पहनाए...काजल डाल कर नज़र का टीका माथे और पाँव के तलवे में लगाया...फिर आँखों के नल खोल दिए।

"रहमत माई अपना नवासा उठा लो!"

"ऐं!" रहमत माई खाँसी। "तुम ही दे दो बहू जी!"

"मैं अपने हाथ से इनका मैला पोतड़ा भी न दूँगी!" राजपूतनी गुर्राई।

"जल्दी करो माई, बाहर लोग इंतज़ार कर रहे हैं।"

"इंतज़ार कर रहे हैं तो करने दो, ख़ुदा की मार उनकी सूरतों पर!" इत्मीनान से वो कराही। घुटने चटकाती, मुँह ही मुँह में किसी को कोसती उठी। एक बच्चा उठाया और बाहर चली।

"ऐ माई सुनो तो!"

"काहे को?" वो टर्राई।

"पहचान लिया?" ठकुराइन ने मरी आवाज़ में पूछा।

"हाँ, हाँ, क्यों न पहचानूँगी। मेरा नवासा हुआ ना!" वो लपक कर बाहर चली गई। ठकुराइन का दिल साथ खिंचता चला गया। उन्होंने बेबी-बेड में लेटे बच्चे को देखा जैसे वो कोई अजनबी हो, आज पहली बार मुलाक़ात हुई हो। उन्होंने उसे गोद में ले लिया, लेकिन गोद ख़ाली ही रही।

बाहर जाकर रहमत माई ने मजमे को बताया कि शुक्र ख़ुदा का कि उसका नवासा मिल गया। सब ख़ुश-ख़ुश चले गए। फ़ख्र से जाते हुए मजमे को देखा फिर गोद के बच्चे को देखा और सीढ़ियों पर उतरते-उतरते रुक गई। कुछ देर पगलाई-सी आँखों से देखती रही, फिर ऐसे पलटी जैसे कोई चीज़ भूल आई हो।

"ना बहू जी! मैं उस निगोड़े को न पहचानती।"

माई ने बच्चा ठकुराइन की गोद में डाल दिया।

ख़िदमतगार

"कितनी दफ़ा तुमसे कहा है कि भई जल्दी लाया करो, मगर सुनते ही नहीं," मैंने पिछली सीट पर किताबें पटक कर कहा, "डेढ़ घंटे से पागलों की तरह टहल रही हूँ। ग़ज़ब ख़ुदा का ढाई बज रहे हैं। ख़ुदा की क़सम आज अब्बा से ज़रूर कहूँगी कि बहादुर से वक़्त पर मोटर नहीं लाई जाती तो मेरे लिए दूसरा इंतज़ाम करें।" और मैं किताबें सरका कर बैठ गई।

"तो सरकार नाराज़ क्यों होती हैं। कल ज़रा जल्दी लाया तो फ़रमाया, इतनी जल्दी ले आता है, मैं लाइब्रेरी में पढ़ भी नहीं पाती।" बहादुर ने बदतमीज़ी से मेरी नक़ल करते हुए कहा।

"चुप रहो, एक तो ग़लती करते हो और ऊपर से टर्राते हो," मैंने झिड़ककर कहा।

"इतना ग़ुस्सा करेंगी तो सूख कर काँटा हो जाएँगी," बहादुर ने तनूबीहन (नसीहत से) उँगली हिला कर कहा।

"देखो बहादुर! ज़्यादा बक-बक मत करो," मैंने ग़ुस्से को क़ायम रखने की कोशिश की।

"तो फिर आप भी...तो फिर आप ग़ुस्सा क्यों होती हैं, ऐसा बुरा मुँह लगने लगता है...।"

"तुम्हारी बला से।"

"तुम्हारी बला से," उसने इतरा कर नक़ल उतारी।

मुझे हँसी आने लगी।

"आप तो मारे ग़ुस्से के पीछे जा बैठीं। आगे आइए ना।" उसने खिड़की खोल कर हुक्म दिया।

''नहीं, चलो बक-बक न करो। जहाँ मेरा दिल चाहेगा, बैठूँगी।''

''अच्छा तो फिर चला लीजिए ख़ुद। हमसे नहीं चलती,'' उसने निहायत लापरवाही से खिड़की से सहारा लेकर कहा।

''बहादुर, शायद तुम भूल रहे हो कि तुम नौकर हो,'' मैं आज लड़ने पर तुली हुई थी।

''तो लीजिए, मैं इस्तीफ़ा देता हूँ, बस!'' वो मोटर से उतर कर ज़मीन पर उकड़ूँ बैठ गया और लापरवाही से दूसरी तरफ़ देखने लगा।

''बहादुर, बदमज़ाक़ी मत करो, मुझे वाक़ई ग़ुस्सा आ रहा है,'' मैंने झल्ला कर कहा।

''वाक़ई,'' उसने हँस कर मज़ाक़ उड़ाया।

''बहादुर सीधी तरह मोटर चलाते हो या...।''

''तो फिर आगे आइए ना! अच्छा क़ुसूर हुआ, लीजिए पैर छूता हूँ। आपका फूला हुआ मुँह देखकर सचमुच मेरे हाथ-पाँव फूल जाते हैं। और मोटर उलट जाती है और...।''

''नहीं, आज मैं पीछे ही बैठूँगी।'' मैंने सुलह पर रज़ामंद होते हुए कहा।

''नहीं, आज आप आगे ही बैठेंगी। अब मुआफ़ी जो माँग ली है।'' उसने ख़ुशामद से कहा।

मैं उतर कर आगे बैठ गई।

''अगर आप आगे न बैठतीं तो मैं मोटर थोड़े ही चलाता,'' वो शरारत से मुस्कुराया।

''बहुत बेहया हो,'' मैंने कहा।

''कौन?'' उसने ऐसे कहा गोया वो ख़ुद मुझे बेहया समझता है।

''बदतमीज़, मैं आज ज़रूर अब्बा से कहूँगी कि तुम कभी वक़्त पर नहीं आते।'' मैंने अपनी हँसी रोकने और बात टालने के लिए कहा।

''तो फिर ख़ुद ही मोटर चलाना सीख लीजिए ना, यूँ आती है यूँ,'' उसने चुटकी बजाकर कहा।

''सीखूँगी ही।'' मैंने तवज्जुही से फ़ैसला किया।

''तो फिर सीखिए ना। आज ही से शुरू कीजिए। चलो जुबली पार्क,'' उसने मोटर मोड़ कर कहा।

''क्या वाक़ई दो रोज़ में सिखा दोगे?'' मैंने इश्तियाक़ (उत्सुकता) से पूछा।

"और क्या। देर ही कितनी लगती है। मगर यूँ थोड़ी...पहले सेर भर मिठाई," उसने सर हिलाते हुए कहा।

"मिठाई-विठाई का झोल है, यूँ ही सिखाओ।"

"ख़ूब! भई वाह! तो फिर सिखाना भी झोल है। अच्छा सौदा है! ऐसी मुफ़्त की मोटर किसी और से सीखिए।" उसने अकड़ कर कहा।

"अच्छा, अब इतराओ नहीं, वरना अब्बा से कह दूँगी। वो जूते लगेंगे कि याद ही करोगे," मैंने धमकी दी।

"अच्छा ये है तो फिर ये ही सही! जाइए कर दीजिए सौ दफ़ा शिकायत, नहीं सिखाते।"

"तो इतना अकड़ता क्यों है? अच्छा चल मिल जाएगी मिठाई, सिखाओ तो।" मैंने ह्वील पर हाथ रखकर कहा।

"तो फिर...ख़ैर...सुनिए तो...निरा वादा कुछ वैसा है," उसने कुछ बेऐतबा़री से कहा।

"बदतमीज़, तुझे मेरा ऐतबार नहीं?"

"और जो नहीं, फिर!"

"देखो किधर घुमाऊँ," मैंने बात टालने के लिए ह्वील पकड़ कर कहा।

"सीधी तरफ़।"

"अरे...रे...रे...।" मेरे मुँह से निकला और मोटर बाल-बाल तार के खंभे से टकराते-टकराते बची।

"सीधी सड़क पर जा रही हैं और मोड़ने की कैसी जल्दी है," उसने मज़ाक़ उड़ाया।

"अच्छा लीजिए सँभालिए," उसने अलग होकर कहा। मेरे हाथ काँपने लगे। मोटर की स्पीड बढ़ी और हवा साँस-साँय करके मेरे दिल में उतरने लगी।

"बहादुर! अरे," मैंने तकल्लुफ़ से कहा, "अरे पकड़ो!"

"आप ही पकड़िए...हाँ ज़ोर से...अरे भागी।" और वो ज़ोर से हँसा।

मोटर की स्पीड बढ़ी और मैं घबराहट में चिल्लाने पर मजबूर हुई और एक ज़ोर का झटका लगा। मोटर उलटते-उलटते बची। बहादुर ने एकदम ब्रेक दबा दिया था। मैंने हाथ हटा लिए और वाक़ई ग़ुस्सा होकर बैठ गई। मुझे पसीना आ गया था।

"अच्छा लीजिए, लीजिए...अब नहीं," उसने ख़ुशामद से कहा।

"चलो घर सीधे," मैंने ग़ुस्से से हुक्म दिया।

"अब चलाइए ना। इसमें डरने की क्या बात थी। हूँह...इसी बिरते पर मोटर चलाएँगी?" उसने मोटर घर की तरफ़ मोड़ कर कहा।

"और चलाएँ कैसे?"

"जैसे लौट ही तो गई ना, बहुत चली आपसे मोटर!"

बहादुर हँसता रहा और मैं खिसियानी होकर अंदर चली गई।

"अरे बंधु!" बहादुर ने माली को पुकार कर कहा, "बीबी को मोटर चलानी आ गई," और वो लम्बा क़हक़हा लगाकर मोटर गैराज में ले गया।

ज़रा सोचिए, एक ज़लील नौकर जो छोटी उम्र से हमारे हाँ (यहाँ) रहा। दिन भर पिटता, बर्तन माँजता, जूते साफ़ करता। ज़रा बड़ा होकर छोटे-मोटे कामों के लिए ड्राइवर की ख़िदमत अंजाम देता।...और ये दिमाग़? वजह ये है कि मुझे और भैया को सिवाय बहादुर के कभी कोई दोस्त नसीब नहीं हुआ। चुनांचे हमने हमेशा उसके नख़रे बर्दाश्त किए। भैया तो जल्द ही स्कूल में बोर्ड हो गए और बहादुर ने मुझ पर रौब जमाना शुरू किया। हर बात में उसकी ही वर रहती। रूठ जाता तो एक बात करने वाला ही हाथ से जाता। अब्बा दूसरे अब्बाओं की तरह हमसे कभी लाड़-प्यार न करते थे। वैसे बहादुर को ख़ुद उन्होंने सर चढ़ा रखा था। कभी अगर मैंने शिकायत की भी तो हँस कर टाल दिया। छुटपन में तो अगर कभी मैं भूले से बहादुर को मार देती तो वो तड़ाक़ से चाँटा मारता कि मुँह फिर जाता। अब्बा को फ़ख़्र था। वो मुझको डाँटते कि, "तू पहले क्यों मारती है?" वैसे बहादुर का जब जी चाहता छुप-छुप कर मुझे ख़ूब ठोंकता। भैया से भी वो बराबर ही का बरताव करता। अब तक जब वो कॉलिज से आते हैं तो दोनों में घुल-मिल कर बातें होती हैं कि मालूम ही नहीं होता कि वो आक़ा और नौकर हैं।

मोटर सीखते दिनों की बजाय हफ़्ते हो गए। सिवाय लड़ने और सब्र करने के मोटर सीखते वक़्त और कुछ न होता। कभी सोचती भाड़ में जाए, ताँगे में कॉलिज चली जाया करूँगी। मोटर न हुई, मुसीबत हो गई। मगर फिर बहादुर सब्ज़ बाग़ दिखाता और मैं चक्कर में आकर सीखने को तैयार हो जाती।

बहादुर को हर बात में दख़्ल देने का हक़ है। पढ़े न लिखे, टूटी-फूटी उर्दू आती है...इस पर ये ज़ोर कि उर्दू का अख़बार घर में आना ही चाहिए। जहाँ मैं और अब्बा अपनी संजीदा बहस शुरू करते, बहादुर अपनी बदतमीज़ राय पास

करना शुरू कर देता। मेरी बात को काटता और मैं जल जाती। मगर अब्बा कहते, "ये ख़ूब सियासियात को समझता है। इसे उल्लू न समझो।"

बहुत हँसी आती, जब बहादुर साहब मौला बहिश्ती, नन्हा धोबी और नन्नू चमार के लड़के और मस्जिद के मौलवी साहब के बीच में टूटी हुई ईंट पर बैठ कर चीन और जापान, जर्मनी और आस्ट्रेलिया के मौजूदा तअल्लुक़ात पर राय-ज़नी फ़रमाते। ऊट-पटाँग, झूठ-सच वाक़िआत पर रोशनी डाली जाती। नन्नू नौजवान लड़का ख़ुदकुशी और फ़रारी के वाक़ियात जो उसे मुँह-जुबानी याद होते थे, नेहायत जोशीली आवाज़ में सुनाता। मौला को हमेशा हिंदू-मुसलमानों की आपसी जंगों का ज़िक्र सुनने में मज़ा आता। उसका बस न था कि हिंदुओं को पीस डाले। सिर्फ़ बहादुर हिंदू था मगर उसे फ़सादों से दिलचस्पी न थी। दूसरे वो मौला के तगड़े-तगड़े बाज़ू देखकर ज़रा ख़ुश-मिज़ाज ही रहना पसंद करता था।

एक दिन मैं अख़बार पढ़ रही थी कि बहादुर कमरा साफ़ करने आया। अख़बार को झाँक-झाँक कर देखना उसकी आदत है। उसके 'फटे' हुए अख़बार में तस्वीरें नहीं होतीं और इस वजह से उसे मेरे अख़बार में झाँकने के लिए नर्म होना पड़ता है।

"ये कौन है?" वो एक तस्वीर देखकर बोला।

"ये एक लीडर हैं," मैं नेकी के दम में थी।

"लीडर!" ये लफ़्ज़ उसके अख़बार में कम आता था।

"हाँ।" मैंने मुख़्तसर तौर पर कहा।

बहादुर की ग़रज़ अटकी थी, मुझे मालूम हो गया।

"तो ये लीडर कौन होते हैं? ये तो जानवर लगता है।"

"चुप बदतमीज़, ये बहुत बड़ा आदमी है।"

"कोई पाँच-छः गज़ का?"

"बेवक़ूफ़ हो तुम।"

"वैसे ही तो नहीं, जैसे लीडर साहब यहाँ आते हैं?"

"कौन?"

"वही जो परसों भी आए थे।"

"वो पलीडर थे बेवकूफ़, ये लीडर है।"

"अच्छा।" उसने बिलकुल न समझ कर कहा।

"ये रहनुमा (मार्ग-दर्शक) है।"

"अच्छा...ये...रहनुमा...क़ुतुब-नुमा," वो इतराने लगा।

"तुम इसे नहीं जानते?"

"नहीं।"

"तुम्हारे अख़बार में कुछ नहीं लिखा?"

"उसमें ऐसे बेहूदा लोगों का कहाँ ज़िक्र! दो तो वरक़े होते हैं सारे अख़बार में। ज़्यादातर तो बस ग़ज़लें ही होती हैं और आता भी बहुत दिनों में है।"

"कैसी अफ़सोस की बात है कि हमारे मुल्क के जाहिल अपने लीडर को नहीं जानते।" मैंने तअस्सुफ़ से (अफ़सोस जताते हुए) कहा।

"तो इसमें मेरा क्या क़ुसूर? मुझे फ़ुरसत ही नहीं मिलती जो इन 'नुमा' साहब के पास जाऊँ। चौराहे तक तो जाने की मोहलत नहीं मिलती।"

"तुम जैसे उसके पास जा भी बहुत सकते हो!" मैंने हँसकर कहा।

"क्यों, क्या वो सात तालों में रहता है क्या?"

"जी वो तुम जैसे टट-पूँजिये से ज़रूर मिलेगा।"

"हम टट-पूँजिये काहे से हैं? ये देखिए।" बहादुर ने ज़रा सीधे खड़े होकर कहा।

"वो बहुत बड़ा आदमी है। दूर से देख लेना ही उसे बहुत ग़नीमत है। तुम्हारी तो वहाँ तक रसाई भी न होगी।"

"ऐसे उसमें कौन लड्डू लगे हैं, जो हम खा जाएँगे! दिमाग़ क्यों दुखाते हो, क्या बहुत रुपया-पैसा है?"

"बहुत, दूसरे इन्हें रुपए-पैसे की परवा भी नहीं। खद्दर पहनते हैं।"

"तो इसमें क्या हुआ? ननुआ चमार हमेशा से खादी पहनता है, मौला भी एक तहबंद में छः महीने गुज़ार देता है। हम भी सरकार और भैया की उतरन पहनते हैं।"

"तुम, ननुआ और मौला, तीनों गधे हो। ये तो पूरी क़ौम की ख़िदमत करते हैं। ग़रीबों का इन्हें बड़ा दर्द है।"

"अरे! और हम कौन ख़िदमत नहीं करते? सुबह से जो जुत जाते हैं तो शाम को कहीं दस बजे छुट्टी मिलती है। मौला की कमर पानी भरते-भरते टेढ़ी पड़ गई। ननुआ के हाथ चमड़ा छीलते-छीलते घिन्ना गये। अब और कौन-सी ख़िदमत ये लीडर करते हैं?"

''जी तो जनाब का क्या ख़याल है कि ननुआ, मौला और आप तीनों लीडर हैं? ज़रूर!'' मैंने हँसकर मज़ाक़ उड़ाया।

''तुम लोग गाय-बैल की तरह काम करते हो और ये लीडर लोग क़ौम की ख़ातिर क़ैद में जाते हैं। लोगों को सीधा रास्ता दिखाते हैं, उनकी भलाई के लिए कोई अगर जान तक माँगे तो जान तक दे देंगे।''

''तो कोई मौलवी हैं, ऋषि हैं, क्या हैं?''

''ये ऋषि और ये मौलवी सब ढोंग मचाते हैं। ये तो रहनुमा हैं।''

''अरे कुछ बताइए तो ये कौन होते हैं, जैसे?''

''जैसे वो जो...तुझे याद है लखनऊ में जुलूस निकला था?''

''वो लाट साहब का?''

''अरे हट...वो जो अमीनाबाद...।''

''वो जो पीपा शाह जी ने पंखा चढ़ाया था दरगाह पर?''

''मैं थप्पड़ मार दूँगी जो टें-टें करे जाएगा। जा नहीं बताती।''

''तो फिर बताती नहीं, डाँटे जाती हैं।''

''अरे जब वो क़ौमी झंडियाँ लगी थीं।''

''वही तो लाट साहब वाला था। सारे में रौशनी-ही-रौशनी थी। ऐसी रौनक़ लगी थी कि क्या कहना! मनों फूल लोगों ने डाले थे।''

''नहीं, उन कमबख़्त अंग्रेज़ों ने तो हमारे मुल्क को लूट-लूट कर नास कर दिया। ग़रीबों का पेट काट कर इस्तक़बाल के लिए रुपया जमा होता है और दो-चार, उम्दा-उम्दा सड़कें साफ़ करके और सजा के उनमें से उन्हें गुज़रवा दिया जाता है। बड़े हमारे मुल्क पर हुकूमत करते हैं, कमबख़्त कहीं के,'' मैंने जोश से कहा।

''और ये लीडर क्या करते हैं? ये भी तो झंडियाँ लगाकर, सड़कें झड़वा कर और हार-फूल पहन कर जुलूस निकाल देते हैं। बहुत हुआ तो कुछ बोल दिए। दे तालियाँ पड़ी पिट रही हैं...समझ में ख़ाक नहीं आता कि क्या कह रहे हैं।''

''तुम बेवक़ूफ़ों की समझ में क्या आएगा?''

''तो फिर आप जैसे...'' वो हँसा, ''तो फिर ये बेवक़ूफ़ों के लीडर नहीं?''

''नहीं, और न बदतहज़ीब लोगों के,'' मैंने जलकर कहा।

''तो फिर हमें क्या ज़रूरत जो हम इन्हें कौड़ी भर भी धारें। भई, हमारा

भी कोई लीडर होता!"

"तुम तो समझते ही नहीं।"

"तो फिर समझाइए ना।" उसने आजिज़ होकर कहा।

"ये लीडर ग़रीबों के हमदर्द हैं। तुम्हारे पीपा शाह और मदारी शाह तो ठग हैं। लूट-लूट कर अपना घर भरते हैं और ये तो ग़रीबों की रोज़ी की कोशिश करते हैं। उनके हक़ूक़ दिलाते हैं।""

"पीपा शाह के यहाँ भी तो आए दिन लंगर बँटता है," बहादुर ने दलील पेश की।

"लो पेट भरे क्यों पहुँच जाते हैं।"

"अब मैं न पहुँच जाऊँ, आप न चली जाएँ," बहादुर बोला।

"तुम समझ ही नहीं सकते," मैंने आजिज़ आकर कहा।

"और जो कहता हूँ समझाइए तो सुनती ही नहीं।"

"क्या समझाऊँ, कूढ़ मग़ज़। भई ये हमारे हुक़ूक़ दिलवा रहे हैं। हमें गवर्नमेंट की नौकरियाँ दिलवाएँगे...हमारे लिए सीटें रिज़र्व कराएँगे।" मैंने समझा ही दिया।

"सीटें कैसी? रेल की?" बहादुर बोला।

"ऊँह! गट्ठल! भई हट...मैं तुझे नहीं समझा सकती। अरे भई सीटें...ऊँह कैसे बताऊँ...असेम्बली में सीटें।"

"अच्छा अब मैं समझा," बहादुर ने समझने की कोशिश छोड़ते हुए कहा, "अच्छा तो सबको डिप्टी कलक्टरियाँ मिला करेंगी।"

"और क्या!"

"तब तो मज़ा है, मैं भी डिप्टी कलक्टरी में नाम लिखवाऊँगा।"

"जूते लगेंगे।" मैंने हँसकर कहा।

"जी...ई...बहुत जूते लगे और ननुआ का लड़का नवीं दरजे में पढ़ता है वो तो ज़रूर ही डिप्टी बन जाएगा।"

"तुम, तुम्हारे ननुआ और मौला ही तो डिप्टी बनने के लायक़ हैं! ज़रा-सी गिरह में भी रखते हो? डिप्टी बनोगे!"

"क्यों, इसमें क्या है? थानादारी तो मैं ऐसी करूँ कि क्या बताइये!"

"भला तुम, जो न जाने धन्य होकर चला है और ननुआ चमार मजिस्ट्रेट बनेंगे।"

''अच्छा तो फिर हम लोगों का ज़िक्र नहीं और ये गाँधी जी जा हमारे हैं वो?''

''वो क्या कर सकते हैं, मजबूर हैं। भला कैसे एक रिज़िअल आदमी को ऊँचे ओहदे दे दिए जाएँ? तुम ही सोचो!''

''तो फिर क्या?'' तो फिर ये नौकरियाँ भी सिर्फ़ बड़े लोगों के लिए ही ले रहे हैं। लो भई अभी रोटी, कपड़े का ठिकाना भी नहीं हुआ और नौकरियाँ भी न मिलें तो ये कैसे लीडर। इनसे अच्छे मदारी शाह हैं जो खाना कपड़ा दें और फिर उनका कहना कर लो तो जन्नत में अलग जाओ।'' बाहदुर ने जली हुई आवाज़ में कहा।

''बस खाना-कपड़ा ही तो ज़रूरियात नहीं। इन ज़लील ख़्वाहिशात से बुलंदो-आला और भी तो ख़्वाहिशात हैं। ये ज़रूरतें तो सिर्फ़ हैवानों को हैं कि पेट भर लिया और भट्टे में सो गए।''

''वाह, आप भी क्या कह रही हैं! अए जब पेट भर के खाना न मिलेगा तो कोई जियेगा क्योंकर! जानवरों के चरने के लिए घास तो है और सोने को भट्टे तो हैं। बहुत से ग़रीबों को ये भी मयस्सर नहीं। जानवरों को एक-एक के दर पर भीख तो माँगनी नहीं पड़ती।''

मैं खिसियानी हुई जा रही थी। ये बहादुर बड़ा हुज्जती है। एक बात के पीछे पड़ जाता है।

''ग़रीबों की ज़िंदगी बहुत अच्छी होती है,'' मैंने फ़िलास्फ़ी छाँटी, ''न किसी बात का ग़म न कर...मज़े से खुली हवा में झोंपड़ों में रहते हैं। रूखी-सूखी मिलती है, मगर चैन से। कपड़ों की फ़िक्र भी नहीं सताती।''

''बड़ी अच्छी है ग़रीबों की ज़िंदगी! आपको क्या मालूम। उनको ये रूखी-सूखी भी किन मुसीबतों और फ़िक्रों के बाद मिलती है। ज़मींदार का जूता सर पर रहता है। कैसी बातें करती हैं...भई, खूब खुली हवा में मज़े से रहे। ज़रा आप तो दो रोज़ मज़े उठाकर देखें, आँखें खुल जाएँ। आप समझती होंगी झोंपड़ी भी कोई सरकार का दौरे वाला डेरा है, जोकि अन्दर मज़े से मेज़-कुर्सी जमी हुई है और नौकर लगे हुए हैं। झोंपड़ी में भला-भल तो पानी भरता है और दुनिया भर के कीड़े-मकोड़ों का डर। उस पर बिस्तर न तकिया! ख़ूब!'' बहादूर की आँखें चमकने लगीं।

मेरी आदत है कि बहादुर की दलीलों से चाहे कितनी ही क़ायल हो जाऊँ,

मगर कहती अपनी ही रहती हूँ। मैंने बात टालने के लिए कहा, "तुम तो हो जाहिल लट्ठ, तुमसे कौन मग़ज़ मारे। पढ़ो-लिखो तो दुनिया में क़दर बढ़े।"

"तो फिर आप पढ़ाती क्यों नहीं?" उसने ज़िद की, "देखिए फिर मेरी भी क़दर बढ़ जाएगी।"

उस दिन की बहस इस बात पर ख़त्म हुई कि अगर बहादुर ईमानदारी से मुझे मोटर चलाना सिखाएगा तो मैं उसको पढ़ाऊँगी।

अभी चंद रोज़ ही पढ़ते शुरू हुए थे कि बहादुर को अपनी क़द्र बढ़ जाने का गुमान पैदा हो गया। बजाय नीचे बैठ के खाने के कमरे से कुर्सी लाकर बैठ गया और किताब के वर्क़ निहायत इन्हिमाक (तन्मयता) से उलटने लगा।

"उठो यहाँ से," मैंने उसका कान पकड़ कर कहा।

"क्यों? क्या कुर्सी पर बैठना बुरा है?" उसने आँखें फाड़कर कान छुड़ाते हुए कहा।

"हाँ" और मैं कुर्सी पर दराज़ हो (लेट) गई।

"उठो यहाँ से," बहादुर ने आहिस्ता से मेरे कान छू कर कहा।

मैंने उसके एक थप्पड़ लगाया, "बदतमीज़!"

"आप ही ने तो कहा था कि कुर्सी पर बैठना बुरी बात है। ले के ऐसे ज़ोर से मेरे कान मरोड़े...।"

"तुम नौकर हो और फिर कुर्सी पर चढ़ कर बैठते हो?"

"तो क्या नौकरों के कान चमड़े के होते हैं? बड़ी आप तो गाँधी जी की चेली बनती हैं। अल्लाह क़सम, अब तक कान दर्द हो रहा है।"

"तो क्यों गधापन करते हो तुम?"

"क्या किया मैंने?"

"तुम फिर इतने गंदे क्यों रहते हो? ज़रा अपने हाथ तो देखो जैसे बैल के खुर।" मैंने बात पलटी।

"क्या करूँ! सारी उम्र बर्तन माँजते, जूतों पर पॉलिश करते गुज़री। ये देखिए कैसे गट्टे पड़ गए हैं। अब मोटर का काम कुछ कम गंदा है?"

"तुम्हारी रूह ही गंदी है," मैंने फ़ैसला किया, "कपड़े देखो जैसे साफ़ी (पोंछा)।"

"इतने से रुपए...अम्मा, बहन और उसके पाँच बच्चे...इतने कपड़े कहाँ से बनाऊँ?"

“और ये जो बाल झबरे कुत्तों की तरह आँखों पर पड़े हैं, ये!” मैंने उसके सर के सूखे सुनहरी बालों को पकड़ कर हिलाया।

“और जो माँग-पट्टी करूँ तो सरकार जूते मारकर निकाल दें। जो सर मुँड़वाऊँ तो भैया वो टीपें लगाएँ कि भेजा निकल पड़े। दूसरा ऐसी फ़िक्रें लगी रहती हैं कि जी नहीं चाहता,” उसने बड़ी संजीदगी से कहा।

“तुम पढ़ोगे भी या मेरा सर ही खाए जाओगे?”

वो ख़ामोशी से पढ़ने बैठ गया।

रशीद अब्बा के बेतकल्लुफ़ हमउम्र दोस्तों में से थे। मुझसे उन्हें बचपन से बेहद लगाव था। मैं उन्हें रशीद चचा कहा करती थी। वो मुझे बहुत छेड़ा करते थे। वो बड़े ज़िंदादिल और ख़ुश-तबीयत इंसान थे। लेकिन मेरी ज़रा-सी बात भी वो बड़ी ख़ुशी और ग़रूर से मानते थे। उनकी ज़िंदगी हमेशा एक मुजर्रद (एकाकी/तनहा इंसान) जैसी ही गुज़री। वालिदैन (माता-पिता) ने बचपन में ज़बरदस्ती शादी कर दी...दो-तीन बच्चे हुए और फिर जो बीवी से अलैहदगी हुई तो मिलाप नामुमकिन हो गया। रिश्तेदारों से दूर हम लोगों के सिवाय कोई हमदर्द ग़रीब का न था। भैया को और मुझे बहुत ही चाहते थे। मुझे भी वो बहुत ही अच्छे लगते थे। अब्बा तो कभी लाड़-प्यार करते नहीं थे। रशीद की मुहब्बत एक नेमत मालूम होती थी। वो चंद रोज़ के लिए आया-जाया करते थे तो उनके आँसू आ जाया करते थे। उन्हें आए हुए कई रोज़ हो गए थे। उन्हें मुझसे बहुत-सी बातें करनी थीं और बजाय घर में बैठने के कहीं बाहर कार में जाएँ। सुबह-ही-सुबह जो बहादुर मेरे कमरे में आया तो मैंने पूछा, “रशीद कहाँ हैं?”

बहादुर ने शरारत से अपनी जेब में झाँका, फिर दूसरी में हाथ डाला, फिर हसरत से मुँह बनाकर हाथ और सर हिलाया। गोया कहता हो, “नहीं मिलते, खो गए।”

“बताओ कहाँ गए हैं?” मैंने हँसी को रोकने के लिए कहा।

“पहले तो ये बताइए कि आजकल आप हमको पढ़ाती क्यों नहीं हैं?” बहादुर ने कमर पर हाथ रखकर पूछा।

“नहीं पढ़ाती। पहले बताओ।”

“नहीं बताते, पहले पढ़ाओ।” उसने फ़ौरन कहा।

उसकी कमीनी आदत से वाक़िफ़ हू, इसलिए नर्मी से कहा, "पढ़ा दूँगी। भई आज मेरा दिल नहीं चाह रहा।"

"तो फिर मैं भी बता दूँगा। आज मेरा दिल नहीं चाह रहा।" उसने 'मेरा' पर ज़ोर देते हुए कहा और जाने लगा।

"ठहरो बहादुर!" वो मुड़ गया।

"बात ये है...भई मुझे...मेरे सर में दर्द है। इसलिए आज तो नहीं, हाँ कल पढ़ाऊँगी।"

"बात ये है...भई मुझे...मेरे सर में दर्द है। इसलिए आज तो नहीं, हाँ कल पढ़ा दूँगी," वो नक़ल उतार कर बोला।

वो बिलकुल जाने वाला था।

"अच्छा बैठो!" मैंने कहा और वो मेरे सामने पालती मारकर बैठ गया।

"और किताब?" मैंने पूछा।

"और ये आपके रशीद चचा!" उसने लफ़्ज़ चचा को बिगाड़ कर बिलकुल बेतुकेपन से कहा। "ज़रा मोटर तेज़ करो बस घिग्गी बँध जाती है...अरे...रे...रे...इतनी तेज़ क्यों हाँकता है?" बहादुर ने मसख़री सूरत बनाकर रशीद की नक़ल करते हुए कहा।

"नहीं पढ़ना तो निकलो मेरे कमरे से, चलो मैं नहीं पढ़ाती।"

"ऐ लो, बिगड़ गईं। बुज़दिल नहीं हैं तुम्हारे रशीद चचा!" उसने फिर लफ़्ज़ 'चचा' को ज़ोर देकर कहा।

मेरे तन-बदन में आग लग गई, मगर कुछ कहते न बना।

"बहादुर भागो यहाँ से, मेरा दिमाग़ न चाटो।" मैंने आजिज़ आकर कहा।

"आज वो...।" उसने परवाह न करते हुए कहा, फिर रुक गया।

"क्या?" मैंने पूछा।

"कुछ नहीं, आपके तो सर में दर्द है।" वो जाने के लिए उठा।

"तुम रशीद के लिए क्या कह रहे थे?" मैंने अपने शौक़ को छुपाते हुए कहा।

"हाँ अब उनका ज़िक्र है तो जल्दी-जल्दी पूछ रही हैं। नहीं बताते जाइए!" वो दरवाज़े की तरफ़ चला। फिर बोला, "आज जब वो बरामदे में खड़े थे तो मैंने उन्हें ग़ौर से देखा। कैसे बेहंगम (उखड़े-उखड़े) लग रहे थे। बुड्ढे हो गए... मगर सुना है शादी के बड़े शौक़ीन हैं।"

मैं खिसियानी हो गई। रशीद छः साल से मुझसे शादी करने के लिए कोशाँ (प्रयासरत) थे। ''मैंने सोचा,'' वो दरवाज़े के पास जाकर बोला, ''मैंने सोचा, भई कैसी बदक़िस्मत वो लड़की होगी जो...जिससे इनकी शादी होगी।''

पैमाना छलक गया। मैंने रो कर मेज़ पर से उठ कर हुक्म दिया, ''निकलो बहादुर मेरे कमरे से।''

वो चला गया। लेकिन फ़ौरन वापस आकर कहा, ''और हाँ, वो फाटक के पास खड़े आपका इंतज़ार कर रहे हैं। उन्होंने मुझे आपको बुलाने के लिए भेजा था। चलती हैं आप या जा के कह दूँ नहीं आ सकतीं, सर में दर्द है।'' फिर वो चला गया।

क्या बताऊँ मेरा किस क़दर दिल जला। रशीद ने मुझे बुलाने को भेजा और यहाँ बातें बनाने लगा।

''मैं आ रही हूँ,'' मैंने कोट पहनते हुए कहा।

''मैं तो कहे देता हूँ तबीअत ठीक नहीं, बुख़ार आ रहा है।'' वो मुस्कुराता हुआ तेज़ी से चला गया।

''नहीं,'' मैंने डाँटा और जल्दी से मफ़लर लपेटती हुई उसके पीछे चली।

''तेज़ आइए, वरना फिर नहीं ले जाएँगे।'' उसने मेरी जल्दी देख कर ताना दिया। रशीद जल्दी से टोपी घुमाते आगे बढ़े।

''लीजिए सरकार आ गई।'' उसने फ़तह-मंदाना बुलंद आवाज़ से कहा, ''कहती थीं नहीं जाऊँगी, सर में दर्द है। मैंने कहा, चलिए भई, सैर को चलिए तो सब ठीक हो जाएगा।'' उसने मक्कारी का वार करते हुए कहा।

रशीद का चेहरा चमक उठा और वो, जैसी कि उसे आदत है, मेरी नब्ज़ टटोलने लगा।

''ऊँह!'' मैंने जलकर कहा और कार में बैठ गई। बहादुर ड्राइविंग करने लगा।

इतनी तेज़ी से मोटर स्टार्ट की, मालूम हुआ कि भूचाल आ गया और खंभे से मोटर ज़रा ही बच कर निकली।

''अरे!'' रशीद ने आँखें फाड़ कर कहा, ''ठीक से नहीं हाँकता।''

सामने लगे हुए शीशे में मैंने बहादुर की हँसी रोकने की नाकाम कोशिश का मुतालआ (अध्ययन) किया और मैं जल गई। रशीद से कितनी मर्तबा कहा कि भई ये 'हाँकना' कहाँ का लफ़्ज़ है। कोई मोटर न हुई, ताँगा या छकड़ा हो

गई जो हाँकी जाए। वो फ़ौरन ख़ुश-मिज़ाजी से कहते कि 'मेरा मतलब चलाने से है।' मुझे उनकी कुछ-एक बातों से नफ़रत है।

बातों में ख़याल भी न रहा और बहादुर ने मोटर खड्डों और नालियों वाली सड़क पर डाल दी। ऐसे कि बात करना तक दुश्वार हो गया। जोड़-जोड़ हिल गया।

"अबे, इधर कहाँ ले आया," रशीद गुर्राए।

"अरे, तो आपने रोका भी तो नहीं।" उसने उलटा इल्ज़ाम दिया। "ख़ैर आगे सीधी सड़क है।"

मोटर फिर लुढ़कने लगी। चार मील गए मगर सीधी सड़क का ख़ाक पता नहीं।

रशीद के मुँह से बात न निकल रही थी। मुझे भी सिर्फ़ हँसी आ रही थी।

"अरे...ओ भाई तेरी वो सीधी सड़क किधर है?" रशीद ने पूछा।

"हूँ...भूल गया। ये सड़क तो अट्ठारह मील तक खड़खड़िया ही चली गई है, क्या मोड़ूँ?"

"और नहीं तो क्या मार डालेगा?" रशीद भन्नाये। "यार, तुम तो बस वही हो, ले के जोड़-जोड़ हिला डाला...हुँह!" रशीद ने अपना सर मेरे सर से टकराने से बचा कर कहा।

सैर क्या ख़ाक होती! सारे रास्ते तोतों की तरह अड्डे पर पंजे जमाये बैठे रहे। सर फूट जाने का डर अलग। सीटों पर उचकते-उचकते थक गए। मालूम हुआ सैर नहीं, बल्कि कुश्ती लड़ कर आ रहे हैं। बहादुर ने फ़तह-मंदाना (विजयी) मुस्कुराहट से मुझे देखा जैसे कहता हो कि "देखा कैसी सैर कराई?"

"शाम को कहाँ चलिएगा? पाँच बजे मोटर निकाल लूँ?" उसने तड़ाक़ से खिड़की बंद करते हुए पूछा।

"अबे हट! हम क्या मरने के लिए तेरी मोटर में जाएँगे!" रशीद ने डाँटा।

रशीद हमेशा बहादुर से बदतमीज़ी से बोलते हैं। उन्हें बड़ी शिकायत है कि ये नौकर होकर ज़रा भी मुहज़्ज़ब (शिष्ट) नहीं। अब्बा ने सर चढ़ा रखा है... बेहूदा है। किसी दिन ठीक कर दिया जाएगा। मगर बहादुर ख़ाक न सुनता बल्कि सिर्फ़ शरारत से मुस्कुराकर और भी मज़ाक़ उड़ाने पर तुल जाता।

रशीद को मेरा इतना ख़याल रहता था कि अगर ज़रा-सी चीज़ ख़रीदते तो सौ मर्तबा मेरी राय लेते। उनकी कोठी और फ़र्नीचर मेरी ख़ास पसंद का

था। मोटर हमने ख़ुद जाकर देहली से ख़रीदी। जिस पर ख़ूबसूरत हलक़े (वृत्त) में मोनोग्राम बनवाया था। हर चीज़ पर मेरा मोनोग्राम था। सारे नौकर मेरी पसंद से रखे जाते और निकाले जाते थे। रशीद के कपड़े और मुख़्तलिफ़ (अन्य) चीज़ें अमूनन मेरे पसंदीदा रंग के होते। उन्होंने कभी मेरी मुख़ालिफ़त न की। जब मैं छोटी-सी थी, तभी से वो मुझसे डरते थे। मुझे छेड़ते और जब मैं ख़फ़ा हो जाती तो बेचैन हो जाते। उन्हें इसमें ही मज़ा आता था। मुझे अब तक उनसे रूठ जाने की आदत है। एक दफ़ा उन्होंने मज़ाक़-ही-मज़ाक़ में ज़री-चाँदी की चूड़ी मछलियों वाले हौज़ में फेंक दी तो मैं दस-बारह की ढोंग मचल गई। बेचारे फ़ौरन कोट उतार कर पानी में उतर गए। मुझे अब तक याद है वो कितने अच्छे मालूम हो रहे थे। सब्ज़ (हरी) काई उनकी टाई और बालों में बेतरह उलझ गई थी और सारे जिस्म पर सड़ी-गली पत्तियाँ चिपकी हुई थीं। उन्हें तकलीफ़ पहुँचा कर मेरे दिल में गुदगुदी-सी होती थी। मुझे बड़ा फ़ख़्र था कि ऐसा रौबीला और ताक़तवर इंसान मेरे सामने भीगी बिल्ली बन जाता था। भैया का तो दम निकलता था। मगर मैं बहुत दिलेर थी। ज़रा-सी बात पर उन्हें बातें सुना कर रख देती। वो उलटे ख़ुश होते। मुझे टाइफ़ाइड हुआ था। रशीद ने अपने पेशे की सारी तरकीबें मुझे मोटा करने में सर्फ़ कर दीं। इतने टॉनिक पिलाए कि मैं फूल कर कुप्पा हो गई और बहादुर और भैया मुझे चिड़ा-चिड़ा कर खा गए। डॉक्टर भैया को बहुत चाहते थे, मगर भैया बेवकूफ़ उनसे खिंचे-खिंचे रहते। रशीद और रशीद की सारी चीज़ें मेरे आने की मुंतज़िर थीं। कितने ही नये सेट ख़रीदे, कितने ही मोटर मेरे मोनोग्राम से सजाए गए...मगर मुझे वहाँ कभी पहुँचना नसीब न हुआ। अब्बा से जब रिश्ते का तक़ाज़ा करते तो कोई-न-कोई बहाना कर देते। रशीद एक नये आतिशदान का नक़्शा ज़मीन पर खींच कर मुझे बताते कि सामने से एक मरखनी-सी गाय दुम उठाए दौड़ती हुई सीधी हमारी तरफ़ लपकी। बुन्दू पीछे डंडा लेकर दौड़ा, शोरो-गुल सुनकर बहादुर भी अपनी कोठरी में से झाँका। न जाने क्या सोचकर एक छोटी-सी लकड़ी लेकर ऐसे गाय को हमारी तरफ हँकाकर लाया कि वो फाटक छोड़ने के बजाय हमारी तरफ़ आई।

गाय, बैल और बिच्छू—तीन चीज़ों से मेरा दम निकलता है।

''अरे, इधर मत हाँक बहादुर,'' रशीद डरकर डाँटने लगे।

लफ़्ज़ 'हाँक' पर बहादुर हँसी से लोट-पोट होने लगा। अगर हम मुंडेरों पर न चढ़ जाते तो यक़ीनन गाय हमारा आटा कर देती। बहादुर मुझे ग़लत

अंदाज़ से छेड़ता हुआ गाय के पीछे भागा चला गया। अगर रशीद को बहादुर की मक्कारियों का ज़रा भी पता चल जाता तो वो हंगामा कर देते। वो उसे सिर्फ़ एक बेवक़ूफ़ गधा समझते थे।

इस दफ़ा रशीद कुछ ऐसे पीछे पड़े कि अब्बा शादी पर राज़ी हो गए और रशीद दिन भर सामान ख़रीदते फिरते और ख़ालाजान भी इंतज़ाम में मदद देने आ गईं। अम्मा के बाद वही थीं जो हमारी क़रीबी रिश्तेदार थीं।

बहादुर ख़ामोश हमें दिन भर मोटर में लादे फिरता रहा। रशीद छुट्टी लेकर आ गए थे। और मुझे हफ़्तों बहादुर से बात करने का वक़्त भी न मिलता था। बहादुर की बद-मिज़ाजी बढ़ती जाती थी। वो मुझसे बिलकुल बात न करता था और अगर करता था तो तुर्शी से। बात-बात पर हर एक से उलझ पड़ता। यहाँ तक कि अब्बा ने जो कुछ कहा तो गुर्रा कर उन्हें घूरने लगा। अब्बा में ग़ज़ब का तहम्मुल (संयम) है, दूसरे वो उसे चाहते भी बहुत हैं। बिलकुल चुप रह गए। मुझे बहादुर को देखकर दुख होता। भैया के चले जाने के बाद सहेली कहो, भाई कहो या नौकर—सब कुछ ये बहादुर ही था। रशीद बेशक मेरा लाड़ करते थे मगर बहादुर और ही था, मेरा बचपन का साथी और अब वो मुझसे बात तक करना पसंद न करता था। वो पहले से ज़्यादा ज़र्द और दुबला हो गया था। मुझे यक़ीन था कि बहादुर मुझसे ख़फ़ा है। ये रशीद तो न थे कि अगर कभी ख़फ़ा हो भी जाएँ तो उनका बेहतर इलाज यही है कि ख़ुद ख़फ़ा हो जाऊँ। बस वो फ़ौरन उलटी ख़ुशामद शुरू कर देते थे। यहाँ बहादुर का सवाल था जो सिर्फ़ खुशामद कराने का आदी था।

रशीद एक दुकान पर सूट का ऑर्डर देने के लिए उतरे। मैंने बहादुर से पूछा, ''ये तुम्हारी थूथनी क्यों सूजी हुई है?''

कोई और वक़्त होता तो बहादुर ऐसा मुँह-तोड़ जवाब देता कि मैं अपना-सा मुँह लेकर रह जाती। लेकिन वो सिर्फ़ खिसियानी हँसी ज़बरदस्ती हँसने लगा।

''कभी दिमाग़ दुरुस्त ही नहीं होता। जब देखो तब मुँह डबल रोटी हो रहा है। आख़िर कोई वजह भी हो?'' मैंने नर्मी से पूछा।

''मैं किस पर ग़ुस्सा करूँगा भला! मैं एक फटा हुआ नौकर और किसी से ग़ुस्सा हो जाऊँ तो फिर रोटी कहाँ मिलेगी?'' वो दुखी होकर मुझसे दूर देखने लगा।

''नहीं, तुम कुछ बदल ही गए हो।'' रशीद आ गए और हम वापिस चले

आए।

मेरा दिल बहादुर से खुल कर बातें करना चाहता था। लिहाज़ा मैंने उसे बुलाया।

"बहादुर ज़रा मेरी साड़ी पर इस्त्री कर दो!"

"लीजिए! ये कोई मेरा काम है? नत्था को भेजे देता हूँ।" वो मुड़ा।

"नहीं, वो ठीक नहीं करता। दूसरे वो मेरी इस्त्री तोड़ देगा।"

"अच्छा लाइए, मुझे साड़ियाँ और इस्त्री दे दीजिए, मैं कर लाऊँगा।"

"मेरे कमरे में ही बड़ी मेज़ पर कर लो। मैं तुम्हें अपनी बिजली की इस्त्री तोड़ने के लिए न दूँगी।"

"तो फिर करवा लीजिए किसी और से।" उसने सूखा मुँह बनाकर कहा।

"इधर आओ!" मैंने डाँटकर कहा।

वो क़रीब आया।

"चलो!" मैंने उसका कान पकड़कर अपने कमरे की तरफ़ ले जाकर कहा, "साड़ियाँ निकालो और सीधी तरह इस्त्री करो।"

वो मुस्कुराने लगा। उसका पतला-सा ज़र्द चेहरा ख़ून की गर्मी से बादामी हो गया और आँखें भीग गईं। वो ख़ुश था। संदूक़ में से साड़ियाँ निकाल कर वो इस्त्री करने लगा। मैं खिड़की के क़रीब स्टूल पर बैठ गई।

उसके बड़े-बड़े खुरदरे बालों-दार हाथ, चमकती हुई इस्त्री और रंग-बिरंगी साड़ियाँ मेरे लिए एक खेल बन गईं। बड़ी-बड़ी स्याह आँखों में एक नयी जान पैदा हो गई थी। इस्त्री के साथ-साथ उसकी चमकती आँखें आगे-पीछे दौड़ रही थीं। उसने अपने गुदाज़ ज़ेरीं लब (माँसल निचले होंठ) को दाँतों से दबा रखा था। जैसे कि सख़्त मसरूफ़ियत और काम के वक़्त दबा लेते हैं। कफ़ बेतुकेपन से उसकी आस्तीनों में झूल रहे थे। अब्बा के चौड़े-चकले दामन की क़मीज़ और भैया की ढीली-ढाली पतलून में वो एक तिनका मालूम हो रहा था। गिरेबान के तमाम बटन टूट गए थे और उसका सीना बहुत-सा खुला हुआ था। जिस पर पसलियों का जाल बख़ूबी नज़र आ रहा था। उसके बेरौनक़ कत्थई बाल बेतरतीब गुच्छों की सूरत में उसकी पज़मुर्दा (क्लांत) मगर बुलंद और ज़हीन पेशानी पर बिखरे हुए थे।

मैं उसे लगातार ग़ौर से देख रही थी। मेरा दिल दुख गया। आह बेरहम ज़माने ने इसे एक ज़लीलो-ख़्वार ख़िदमतगार बना दिया। वरना वो ज़हानत

(समझदारी) और अक़्लमंदी का मुजस्समा (साकार रूप) मालूम हो रहा था। न जाने कितने बुलंद दिमाग़ सिर्फ़ ग़रीबी के हाथों कुचल कर ख़ाके-राह से बदतरीन हो जाते हैं। अगर इसे आला-तरीन तालीम दी जाती और इसके पास रुपया होता तो ये कितनी शानदार हस्ती बन जाता। वो एक ज़लील नौकर था जिसने बचपन से अपनी ही जिन्स (नस्ल) की दिलो-जान से ख़िदमत की थी, लेकिन फिर भी कोई बात थी कि वो नुमायाँ हस्ती मालूम होती थी। ज़िंदगी के हर मामूली-से-मामूली और बड़े-से-बड़े काम में वो एक क़ाबिले-तारीफ़ अक़्लमंदी का सुबूत दिया करता था। मैं उसे महवियत (तन्मयता) के आलम में तक रही थी। उसने कई दफ़ा उचटती हुई नज़र मेरी तरफ़ डाली और मुझे अपनी तरफ़ घूरते देख कर वो बेइख़्तियार एक मज़लूम (निरीह/उत्पीड़ित) मुस्कुराहट में डूब गया।

उसने स्याह बारीक साड़ी की चार तहें करके मेज़ पर फैला दी और इस्तरी स्याह बादलों में बिजली की तरह तेज़ी से कौंदने लगी।

एक सहर (जादू) था, जिसने बेख़ुद (आत्म-विस्मृत) कर दिया। कोई सख़्त-सी चीज़ मेरे गले में बार-बार अटकती हुई-सी लगी और आँखें धुँधली-सी हो गईं। मैं खड़ी हो गई। बहादुर का हाथ रुक गया और उसने मुझे एक लम्हे को बेमानी नज़रों से देखा लेकिन यकायक जज़्बात के हुजूम और ख़यालात की ख़ामोश घटाएँ उसकी आँखों में छा गईं। मैं आहिस्ता से उसके क़रीब जा खड़ी हुई। वो परेशान हो गया। चेहरा किसी नाक़ाबिले-बयान तकलीफ़ से तमतमा उठा। उसके होंठ ख़ून की ज़्यादती की वजह से अंगारा हो गए। ऐसा मालूम होता था जैसे फट जाएँगे। उसके हाथों में एक लरज़िश (कंपकंपी) थी, जिसे वो झुँझला-झुँझला कर छुपाने की कोशिश कर रहा था।

"तुम न बताओगे?" मैंने उसके इस्त्री वाले हाथ पर हाथ रखकर कहा। वो मज़बूती से इस्त्री को पकड़े रहा और मेरा हाथ उसके हाथ को जो काँप रहा था। उसने आहिस्ता से डरते-डरते मेरी तरफ़ देखा और इस मर्तबा ऐसे कि दोबारा किसी सवाल की ज़रूरत न रही। मैंने इस्त्री लेकर उसके हाथ से रख दी। वो दोनों हाथों से गिरेबान बंद करने लगा। परेशानी के अलावा वो और कुछ भी छुपाने की कोशिश कर रहा था। उसकी पलकें बोझिल होकर लरज़ रही थीं और उसके होंठ एक सुबकी में मचल जाने को तैयार थे।

"बोलते क्यों नहीं?" मैंने नर्मी से क़रीब होकर पूछा।

"मैं...मैं...क्या बोलूँ?" वो लफ़्ज़ चबाने लगा।

"तुम रंजीदा नहीं रहते हो?" मैंने सवाल किया।

"मुझे मालूम नहीं।" उसने परेशानी से चारों तरफ़ देखते हुए कहा।

"तुम्हें नहीं मालूम! झूठे...!" मैंने लफ़्ज़ जमाकर कहा।

"सच!" उसने सर हिलाकर अपने झूठ का और भी पुख़्ता सुबूत दिया।

"मैं धोखे में थी। मैं समझती थी कि तुम मुझे अपना दोस्त समझते हो।" मैंने सब कुछ समझकर कहा और कुर्सी पर बैठ गई।

उसकी आँखें पुकार-पुकार कह रही थीं कि "बनो मत, तुम ख़ूब समझती हो।" मगर वो चुप था।

वो थोड़ी देर खड़ा ग़ैर-मुतमइन (असंतुष्ट) नज़रों से मुझे घूरता रहा। उसने चाहा कि बाहर चला जाए। लेकिन फिर एकदम उसका वही ग़ुस्सा और जुनून एक ज्वालामुखी की तरह फूट पड़ा। वो तेज़ी से मेरी तरफ़ झपटा और मेरे इतने क़रीब आकर रुका कि मैं समझी वो ज़रूर मेरे ऊपर गिर पड़ेगा।

"आप समझती हैं...आप खेल रही हैं मुझ ग़रीब से। आप खेल रही हैं... आप जानती हैं।" और वो झुँझला कर अपने होंठ चबाने लगा। आँसू बेइख़्तियार बग़ावत पर आमादा हो गए।

मैंने उसकी तरफ़ हाथ उठाया। वो ख़ामोश मेरी तरफ़ थोड़ी देर तक देखता रहा। ख़ामोश अफ़सानों की ज़ख़ीम (मोटी) जिल्दें मेरे सामने खुल गईं।

"बहादुर!" मैंने कहा।

और वो मेरे क़रीब गिर पड़ा...और अपना सर मेरी गोद में रख दिया। बड़ी देर तक वो गहरी सुबकियाँ लेता रहा।

"तुम्हें रंजीदा देखकर मेरा दिल दुखता है बहादुर!" मैंने उसके सर को सहारा देकर कहा।

"तो न देखा कीजिए मेरी तरफ़।" उसने ग़ुरूर से कहा।

"न देखा करूँ तुम्हारी तरफ़?" मैंने जैसे ख़ुद से कहा।

"हाँ, क्या फ़ायदा?"

"क्या हर काम इंसान फ़ायदे के ख़याल ही से करता है?"

"हाँ, और जो नहीं करता वो दुख उठाता है।"

"क्या दुख बड़े कठिन होते हैं?"

"हाँ, एक भूखे-नंगे ख़िदमतगार के लिए।" उसने उँगलियाँ चटका कर कहा।

"और जो भूखे-नंगे ख़िदमतगार नहीं होते, उन्हें क्या दुख नहीं होता?"

"क्या उनको भी दुख होता है?" वो उम्मीद भरी आवाज़ में बोला और सीधा हो बैठा।

"हाँ!"

"क्या वो भी अपनी टूटी हुई कोठरी...नहीं, मेरा मतलब है साफ़-सुथरे कमरे में छुप कर रोया करते हैं?" उसकी आँखें चमक रही थीं।

"हाँ!"

"और क्या वो भी...वो भी एक अमीर और ताक़तवर इंसान को देखकर वो...कि जब वो...उसको देखते हैं तो घंटों जला करते हैं?" उसने चबा-चबा कर बेतरतीबी से कहा।

"कौन से ताक़तवर इंसान को? रशीद को?" मैंने शरारत से कहा।

"हाँ।" और वो शर्मिंदा होकर ज़ोर से हँसा।

"तुम...ताक़तवर इंसान की यही तो पहचान नहीं कि वो मोटा और बहुत-सा रुपया रखता हो। बल्कि...बाज़ (कई)...बल्कि...।" मैं अल्फ़ाज़ ढूँढ़ने लगी।

"बल्कि?" उसने इश्तियाक़ (उत्सुकता) से पूछा।

"तुम बेवक़ूफ़ हो।" मैंने उसको दूर धकेल कर कहा।

आक़ा और ख़ादिम का रिश्ता कब का टूट चुका था।

उसके बाद चंद दिन कैसे गुज़रे...शायद उनको बयान करने की ज़रूरत नहीं। बस इतना कहना काफ़ी है कि मुसलसल नाराज़गियाँ और ख़ुदकुशी की धमकियाँ चलीं...और आँसुओं की नहरें बह गईं।

अब्बा उतने ही संजीदा और ख़ामोश रहे।

रशीद की नयी कार पर मेरे मोनोग्राम की जगह एक काला पट्टा नज़र आने लगा है। उन्हें अब छुट्टी बिलकुल नहीं मिलती।

मैं कॉलिज बराबर जाती हूँ।

बहादुर वक़्त पर मोटर अब भी नहीं लाता। हमेशा जल्दी लाता है।

भाबी

भाबी ब्याह कर आई थी तो मुश्किल से पंद्रह बरस की होगी। बढ़वार (किशोरवय) भी तो पूरी नहीं हुई थी। भैया की सूरत से ऐसी लरज़ती थी जैसे क़साई से बकरी। मगर साल भर के अंदर ही वो जैसे मुँह-बंद कली से खिल कर फूल बन गई, जिस्म भर गया, बाल घुमेरे हो गए, आँखों में हिरनों जैसी वहशत दूर होकर ग़रूर और शरारत भर गई।

भाबी ज़रा आज़ाद क़िस्म के ख़ानदान से थी, कॉन्वेंट में तालीम पाई थी। पिछले साल उसकी बड़ी बहन एक ईसाई के साथ भाग गई थी। इसलिए उसके माँ-बाप ने डर के मारे जल्दी से उसे कॉन्वेंट से उठाया और चुपचाप शादी कर दी।

भाबी आज़ाद फ़िज़ा में पली थी। हिरनियों की तरह कुलाँचें भरने की आदी थी, मगर ससुराल और मैका दोनों तरफ़ से उस पर कड़ी निगरानी थी और भैया की भी यही कोशिश थी कि अगर जल्दी से उसे पक्की गृहस्थन न बना दिया गया तो वो भी अपनी बड़ी बहन की तरह कोई गुल खिलाएगी। हालाँकि वो शादी-शुदा थी। लिहाज़ा उसे गृहस्थन बनाने पर जुट गए।

चार-पाँच साल के अंदर भाबी को घिसघिसा कर वाक़ई सबने गृहस्थन बना दिया। दो-तीन बच्चों की माँ बनकर भद्दी और ठुस्स हो गई। अम्मा उसे ख़ूब मुर्ग़ी का शोरबा, गोंद सटूरे खिलातीं। भैया टॉनिक पिलाते और हर बच्चे के बाद वो दस-पन्द्रह पौंड बढ़ जाती।

आहिस्ता-आहिस्ता उसने बनना-सँवरना छोड़ ही दिया। भैया को लिपस्टिक से नफ़रत थी। आँखों में मनों काजल और मस्कारा देख कर वो चिढ़ जाते। भैया को बस गुलाबी रंग पसंद था या फिर लाल। भाबी ज़्यादातर गुलाबी या सुर्ख़

ही कपड़े पहना करती थी। गुलाबी साड़ी पर सुर्ख़ (लाल) ब्लाउज़ या कभी गुलाबी के साथ हलका गहरा गुलाबी।

शादी के वक़्त उसके बाल कटे हुए थे। मगर दुल्हन बनाते वक़्त ऐसे तेल चुपड़कर बाँधे गए थे कि पता ही नहीं चलता था कि वो पर-कटी मेम है। अब उसके बाल तो बढ़ गए थे मगर पै-दर-पै (एक के बाद एक), बच्चे होने की वजह से वो ज़रा गंजी-सी हो गई थी। वैसे भी वो बाल कस कर मैली धज्जी-सी बाँध लिया करती थी। उसके मियाँ को वो मैली-कुचैली ऐसी ही बड़ी प्यारी लगती थी और मैके-ससुराल वाले भी उसकी सादगी को देख कर उसकी तारीफ़ों के गुन गाते थे। भाबी थी बड़ी प्यारी-सी, सुगढ़ नक़्श, मक्खन जैसी रंगत, सुडौल हाथ-पाँव। मगर उसने इस बुरी तरह से अपने आपको ढीला छोड़ दिया था कि ख़मीरे आटे की तरह बह गई थी।

भैया उससे नौ बरस बड़े थे, मगर उसके सामने लौंडे से लगते थे। वैसे ही सुडौल कसरती बदन वाले, रोज़ वरज़िश करते, बड़ी अहतियात से खाना खाते, बड़े हिसाब से सिगरेट पीते। कभी-कभार ह्स्किी-बीयर भी चख लेते। उनके चेहरे पर अब लड़कपन था। थे भी तीस-इकत्तीस बरस के, मगर चौबीस-पच्चीस बरस ही के लगते थे।

उफ़! भैया को चैन और स्कर्ट से कैसी नफ़रत थी। उन्हें ये नये फ़ैशन की बदन पर चिपकी हुई क़मीज़ से भी बड़ी घिन आती थी। तंग मोरी की शलवारों से तो वो ऐसे जलते थे कि तौबा! ख़ैर भाबी बेचारी तो शलवार-क़मीज़ के क़ाबिल रह ही नहीं गई थीं। वो तो बस ज़्यादातर ब्लाउज़ और पेटीकोट पर ड्रेसिंग गाउन चढ़ाए घूमा करती। कोई जान-पहचान वाला आ जाता तो भी बेतकल्लुफ़ी से वही अपना नेशनल ड्रेस पहने रहती। कोई पुर-तकल्लुफ़ (औपचारिक) मेहमान आता तो अमूनन वो अंदर ही बच्चों से सर मारा करती। जो कभी बाहर आना पड़ता तो मलगजी (लिथड़ी हुई) सी साड़ी लपेट लेती। वो गृहस्थन थी, बहू थी और चहेती थी, उसे रंडियों की तरह बन-सँवर कर किसी को लुभाने की क्या ज़रूरत थी!

और भाबी शायद यूँ ही गौडर बनी अधेड़ और फिर बूढ़ी हो जाती। बहुएँ ब्याह कर लाती, जो सुबह उठ कर उसे झुक कर सलाम करतीं, गोद में पोता खिलाने को देतीं। मगर ख़ुदा को कुछ और ही मंज़ूर था।

शाम का वक़्त था, हम सब लॉन में बैठे चाय पी रहे थे। भाबी पापड़ तलने बावर्चीख़ाने में गई थी। बावर्ची ने पापड़ लाल कर दिए, भैया को बादामी पापड़ भाते हैं। उन्होंने प्यार से भाबी की तरफ़ देखा और वो झट उठकर पापड़ तलने चली गई। हम लोग मज़े से चाय पीते रहे। हाय भाबी थी कि फ़रिश्ता...मैं तो कॉलिज से आकर बावर्चीख़ाने में जाने पर किसी तरह मजबूर ही नहीं की जा सकती थी और न ही मेरा शाम को पुर-तकल्लुफ़ लिबास बावर्चीख़ाने के लिए मौज़ूँ था। इसके अलावा मुझे पापड़ तलने ही कब आते थे। दूसरी बहनें भी मेरी क़तार में खड़ी थीं। फ़रीदा का मंगेतर आया था, वो उसकी तरफ़ जुटी हुई थी। रज़िया और शमीम अपने दोस्तों के साथ गप्पें लड़ाने में मसरूफ़ थीं। वो क्या पापड़ तलतीं। और हम सब तो बाबुल के आँगन की चिड़िया थीं और उड़ने के लिए पर तौल रही थीं।

धाँय से फ़ुटबाल आकर ऐन भैया की प्याली में पड़ी। हम सब उछल पड़े। भैया मारे ग़ुस्से के भन्ना उठे।

"कौन पाजी है?" उन्होंने जिधर से गेंद आई थी, उधर मुँह करके डाँटा।

बिखरे हुए बालों का गोल-मोल सर और बड़ी-बड़ी आँखें ऊपर से झाँकीं। एक ज़क़न्द (छलाँग) में भैया मुँडेर पर थे और मुजरिम के बाल उनकी गिरफ़्त में।

"ओह!" एक चीख़ गूँजी और दूसरे लम्हे भैया ऐसे उछल कर अलग हो गए जैसे उन्होंने बिच्छू के डंक पर हाथ डाल दिया हो या अंगारा पकड़ लिया हो।

"सॉरी...आइ एम वेरी सॉरी...।" वो हकला रहे थे। हम सब दौड़ कर गए। देखा तो मुंडेर के उस तरफ़ एक दुबली-पतली नागिन-सी लड़की सफ़ेद ड्रेन टाइप और नींबू के रंग का स्लीवलेस ब्लाउज़ पहने अपने बालों में पतली-पतली उँगलियाँ फेर कर खिसियानी हँसी हँस रही थी और फिर हम सब हँसने लगे।

भाबी पापड़ों की प्लेट लिए अंदर से निकली और बग़ैर कुछ पूछे ये समझ कर हँसने लगी कि ज़रूर कोई हँसने की बात हुई होगी। उसका ढीला-ढाला पेट हँसने में फुदकने लगा और जब उसे मालूम हुआ कि भैया ने शबनम को लौंडा समझकर उसके बाल पकड़ लिए तो और भी ज़ोर-ज़ोर से क़हक़हे लगाने लगी कि कई पापड़ के टुकड़े घास पर बिखर गए। शबनम ने बताया कि वो उसी दिन अपने चचा ख़ालिद जमील के यहाँ आई है। अकेले जी घबराया तो फ़ुटबाल

ही लुढ़काने लगी। जो इत्तिफ़ाक़न भैया की प्याली पर आ कूदी।

शबनम भैया को अपनी तीखी मस्कारा लगी आँखों से घूर रही थी। भैया मसहूर (मंत्र-मुग्ध) सन्नाटे में उसे तक रहे थे। एक करंट उन दोनों के दरम्यान दौड़ रहा था। भाबी इस करंट से कटी हुई जैसे कोसों दूर खड़ी थी। उसका फुदकता हुआ पेंट सहम कर रुक गया। हँसी ने उसके होंठों पर लड़खड़ा कर दम तोड़ दिया। उसके हाथ ढीले हो गए। प्लेट के पापड़ घास पर गिरने लगे। फिर एकदम वो दोनों जाग पड़े और ख़्वाबों की दुनिया से लौट आए।

शबनम फुदक कर मुंडेर पर चढ़ गई।

''आइए चाय पी लीजिए,'' मैंने ठहरी हुई फ़िज़ा को धक्का देकर आगे खिसकाया।

एक लचक के साथ शबनम ने अपने पैर मुंडेर के उस पार से इस पार झुलाए। शबनम का रंग पिघले हुए सोने की तरह लौ दे रहा था। उसके बाल स्याह भौंरा थे। मगर आँखें जैसे स्याह कटोरियों में किसी ने शहद भर दिया हो। नींबू के रंग के ब्लाउज़ का गला बहुत गहरा था। होंठ तरबूज़ी रंग के और उसी रंग की नेल पॉलिश लगाए वो बिलकुल किसी अमरीकी इश्तिहार का मॉडल मालूम हो रही थी। भाबी से कोई फ़ुट भर लम्बी लग रही थी, हालाँकि मुश्किल से दो इंच ऊँची होगी। उसकी हड्डी बड़ी नाजुक थी। इसलिए कमर तो ऐसी कि छल्ले में पिरो लो।

भैया कुछ गुमसुम से बैठे थे। भाबी उन्हें कुछ ऐसे ताक रही थी जैसे बिल्ली पर तौलते हुए परिन्दे को घूरती है कि जैसे ही पर फड़फड़ाए बढ़ कर दबोच ले। उसका चेहरा तमतमा रहा था, होंठ भिंचे हुए थे, नथुने फड़फड़ा रहे थे।

इतने में मुन्ना आकर उसकी पीठ पर धम्म से कूदा। वो हमेशा उसकी पीठ पर ऐसे ही कूदा करता था जैसे वो गुदगुदा-सा तकिया हो। भाबी हमेशा ही हँस दिया करती थी मगर आज उसने चटाख़-चटाख़ दो-चार चाँटे जड़ दिए।

शबनम परेशान हो गई।

''अरे...अरे...अरे रोकिए ना।'' उसने भैया का हाथ छू कर कहा, ''बड़ी ग़ुस्सावर हैं आपकी मम्मी।'' उसने मेरी तरफ़ मुँह फेर कर कहा।

इंट्रोडक्शन कराना हमारी सोसायटी में बहुत कम हुआ करता है और फिर भाबी का किसी से इंट्रोडक्शन कराना अजीब-सा लगता था। वो तो सूरत से ही घर की बहू लगती थी। शबनम की बात पर हम सब क़हक़हा मार कर हँस

पड़े। भाबी मुन्ने का हाथ पकड़ कर घसीटती हुई अन्दर चल दी।

''अरे ये तो हमारी भाबी है।'' मैंने भाबी को धम्म-धम्म जाते हुए देखकर कहा।

''भाबी?'' शबनम हैरतज़दा होकर बोली।

''इनकी, भैया की बीवी।''

''ओह!'' उसने संजीदगी से अपनी नज़रें झुका लीं। ''मैं...मैं...समझी!'' उसने बात अधूरी छोड़ दी।

''भाबी की उम्र तेइस साल है।'' मैंने वज़ाहत (स्पष्टता) की।

''मगर, डोंट बी सिली...।'' शबनम हँसी, भैया भी उठ कर चल दिए।

''ख़ुदा की क़सम!''

''ओह...जहालत...।''

''नहीं...भाबी ने मारटेज़ से पन्द्रह साल की उम्र में सीनियर कैम्ब्रिज किया था।''

''तुम्हारा मतलब है ये मुझसे तीन साल छोटी हैं। मैं छब्बीस साल की हूँ।''

''तब तो क़तई छोटी हैं।''

''उफ़, और मैं समझी वो तुम्हारी मम्मी हैं। दरअसल मेरी आँखें कमज़ोर हैं। मगर मुझे ऐनक से नफ़रत है। बुरा लगा होगा उन्हें?''

''नहीं, भाबी को कुछ बुरा नहीं लगता।''

''चः...बेचारी!''

''कौन...कौन भाबी?'' न जाने मैंने क्यों कहा।

''भैया अपनी बीवी पर जान देते हैं।'' सफ़िया ने बतौर वकील कहा।

''बेचारी की बहुत बचपन में शादी कर दी गई होगी?''

''पच्चीस-छब्बीस साल के थे।''

''मगर मुझे तो मालूम भी न था कि बीसवीं सदी में बग़ैर देखे शादियाँ होती हैं।'' शबनम ने हिक़ारत से मुस्करा कर कहा।

''तुम्हारा हर अन्दाज़ा ग़लत निकल रहा है...भैया ने भाबी को देखकर बेहद पसन्द कर लिया था, तब शादी हुई थी। मगर जब वो कँवल के फूल जैसी नाज़ुक और हसीन थीं।''

''फिर ये क्या हो गया शादी के बाद?''

''होता क्या...भाबी अपने घर की मल्लिका हैं, बच्चों की मल्लिका हैं। कोई

फ़िल्म एक्ट्रेस तो है नहीं। दूसरे भैया को सूखी-मारी लड़कियों से घिन आती है।" मैंने जान कर शबनम को चोट दी। वो बेवक़ूफ़ न थी।

"भई चाहे कोई मुझसे प्यार करे या न करे। मैं तो किसी को ख़ुश करने के लिए हाथी का बच्चा कभी न बनूँ...और मुआफ़ करना, तुम्हारी भाबी कभी बहुत ख़ूबसूरत होंगी मगर अब तो...।"

"ऊँह, आपका नज़रिया भैया से मुख़्तलिफ़ (अलग) है।" मैंने बात टाल दी और जब वो बल खाती सीधी-सुडौल टाँगों को आगे-पीछे झुलाती, नन्हें-नन्हें क़दम रखती मुंडेर की तरफ़ जा रही थी, भैया बरामदे में खड़े थे। उनका चेहरा सफ़ेद पड़ गया था और बार-बार अपनी गुद्दी सहला रहे थे। जैसे किसी ने वहाँ जलती हुई आग रख दी हो। चिड़िया की तरह फुदक कर वो मुंडेर फलाँग गई। पल भर को पलट कर उसने अपनी शरबती आँखों से भैया को तौला और छलावे की तरह कोठी में ग़ायब हो गई।

भाबी लॉन पर झुकी हुई बालीं (तकिया आदि) समेट रही थी। मगर उसने एक नज़र न आने वाला तार देख लिया। जो भैया और शबनम की निगाहों के दरम्यान दौड़ रहा था।

एक दिन मैंने खिड़की में से देखा। शबनम फूला हुआ स्कर्ट और सफ़ेद खुले गले का ब्लाउज पहने पप्पू के साथ सम्बा नाच रही थी। उसका नन्हा-सा पिकनीज़ कुत्ता टाँगों में उलझ रहा था। वो ऊँचे-ऊँचे क़हक़हे लगा रही थी। उसकी सुडौल साँवली टाँगें हरी-हरी घास पर थिरक रही थीं। काले रेशमी बाल हवा में छलक रहे थे। पाँच साल का पप्पू बन्दर की तरह फुदक रहा था। मगर वो नशीली नागिन की तरह लहरा रही थी। उसने नाचते-नाचते नाक पर अँगूठा रखकर मुझे चिड़ाया। मैंने भी जवाब में घूँसा दिखा दिया। मगर फ़ौरन ही मुझे उसकी निगाहों का पीछा करके मालूम हुआ कि ये इशारा वो मेरी तरफ़ नहीं कर रही थी। भैया बरामदे में अहमक़ों की तरह खड़े गुद्दी सहला रहे थे। और वो उन्हें मुँह चिड़ा कर जला रही थी। उसकी कमर में बल पड़ रहे थे। कूल्हे मटक रहे थे। बाँहें थरथरा रही थीं। होंठ एक दूसरे से जुदा लरज़ रहे थे। उसने साँप की तरह लप से ज़ुबान निकालकर अपने होंठों को चाटा। भैया की आँखें चमक रही थीं और वो खड़े दाँत निकाल रहे थे। मेरा दिल धक से रह गया। ...भाबी गोदाम में अनाज तुलवा कर बावर्ची को दे रही थी।

''शबनम की बच्ची'' मैंने दिल में सोचा। ...मगर ग़ुस्सा मुझे भैया पर भी आया। उन्हें दाँत निकालने की क्या ज़रूरत थी। इन्हें तो शबनम जैसे काँटों से नफ़रत थी। इन्हें तो अंग्रेज़ी नाचों से घिन आती थी। फिर वो क्यों खड़े उसे तक रहे थे और ऐसी भी क्या बेसुधी कि उनका जिस्म सम्बा की ताल पर लरज़ रहा था और उन्हें ख़बर न थी।

इतने में ब्वाय चाय की ट्रे लेकर लान पर आ गया...भैया ने हम सबको आवाज़ दी और ब्वाय से कहा भाबी को भेज दे।

रस्मन शबनम को भी बुलावा देना पड़ा। मेरा तो जी चाह रहा था क़तई उसकी तरफ़ से मुँह फेर कर बैठ जाऊँ मगर जब वो मुन्ने को पद्दी पर चढ़ाये मुँडेर फलाँग कर आई तो न जाने क्यों मुझे वो क़तई मासूम लगी। मुन्ना स्कार्फ़ लगामों की तरह थामे हुए था और वो घोड़े की चाल उछलती हुई लॉन पर दौड़ रही थी। भैया ने मुन्ने को उसकी पीठ पर से उतारना चाहा। मगर वो और चिमट गया।

''अभी और थोड़ा चलें आंटी।''

''नहीं बाबा, आंटी में दम नहीं...।'' शबनम चिल्लाई। बड़ी मुश्किल से भैया ने मुन्ने को उतारा। मुँह पर एक चाँटा लगाया। एक दम तड़प कर शबनम ने उसे गोद में उठा लिया और भैया के हाथ पर ज़ोर का थप्पड़ लगाया।

''शर्म नहीं आती...इतने बड़े ऊँट के ऊँट छोटे से बच्चे पर हाथ उठाते हैं।'' भाबी को आता देखकर उसने मुन्ने को उनकी गोद में दे दिया। उसका थप्पड़ खाकर भैया मुस्कुरा रहे थे।

''देखिए तो कितनी ज़ोर से थप्पड़ मारा है। मेरे बच्चे को कोई मारता तो हाथ तोड़ कर रख देती।'' उसने शरबत की कटोरियों में ज़हर घोल कर भैया को देखा। ''और फिर हँस रहे हैं बेहया।''

''हूँ...दम भी है जो हाथ तोड़ोगी...।'' भैया ने उसकी कलाई मरोड़ी। वो बल खाकर इतनी ज़ोर से चीख़ी कि भैया ने काँप कर उसे छोड़ दिया और वो हँसते-हँसते ज़मीन पर लोट गई। चाय के दरम्यान भी शबनम की शरारतें चलती रहीं। वो बिलकुल कमसिन छोकरियों की तरह चुहलें कर रही थी। भाबी गुमसुम बैठी थीं। आप समझे होंगे शबनम के वजूद से डर कर उन्होंने अपनी तरफ़ तवज्जो देनी शुरू कर दी होगी। जी क़तई नहीं। वो तो पहले से भी ज़्यादा मैली रहने लगीं। पहले से भी ज़्यादा खातीं। हम सब तो हँस ज़्यादा रहे थे, मगर वो

सर झुकाये निहायत इन्हिमाक (तन्मयता) से केक उड़ाने में मसरूफ़ थीं। चटनी लगा-लगा कर भजिये निगल रही थीं। सिके हुए तोसों पर ढेर-सा मक्खन लगा-लगा कर खाए जा रही थीं, भैया और शबनम को देख-देख कर हम सब ही परेशान थे और शायद भाबी भी फ़िक्र-मंद होगी, लेकिन अपनी परेशानी को वो मुर्ग़न खानों में दफ़्न कर रही थीं। उन्हें हर वक़्त खट्टी डकारें आया करतीं मगर वो चूरन खा-खा कर पुलाव-कोरमा हज़्म करतीं। वो सहमी-सहमी नज़रों से भैया और शबनम को हँसता-बोलता देखतीं। भैया तो कुछ और भी लौंडे लगने लगे थे। शबनम के साथ वो सुबह-शाम समंदर में तैरते। भाबी अच्छा-भला तैरना जानती मगर भैया को स्विमिंग-सूट पहने औरतों से सख़्त नफ़रत थी। एक दिन हम सब समन्दर में नहा रहे थे। शबनम दो धज्जियाँ पहने नागिन की तरह पानी में बल खा रही थी। इतने में भाबी जो देर से मुन्ने को पुकार रही थीं, आ गईं। भैया शरारत के मूड में तो थे ही, दौड़ कर उन्हें पकड़ लिया और हम सबने मिल कर उन्हें पानी में घसीट लिया। जब से शबनम आई थी भैया बहुत शरारती हो गए थे। एकदम से वो दाँत किचकिचा कर भाबी को हम सबके सामने भींच लेते, उन्हें गोद में उठाने की कोशिश करते मगर वो उनके हाथों से बोंबल मछली की तरह फिसल जातीं। फिर वो खिसिया कर रह जाते। जैसे तख़य्युल (कल्पना) में वो शबनम ही को उठा रहे थे और भाबी नादिम (लज्जित) होकर फ़ौरन पुडिंग या कोई और मज़ेदार डिश तैयार करने चली जातीं। उस वक़्त जो उन्हें पानी में धकेला गया तो वो गठरी की तरह लुढ़क गईं। उनके कपड़े जिस्म पर चिपक गए और उनके जिस्म का सारा भौंडापन भयानक तरीक़े से उभर आया। कमर पर जैसे किसी ने तोशक (रजाई) लपेट दी थी। कपड़ों में वो इतनी भयानक नहीं मालूम होती थीं।

"ओह, कितनी मोटी हो गई हो तुम!" भैया ने उनके कूल्हे का बोटा पकड़कर कहा, "उफ़ तोंद तो देखो...बिलकुल गामा पहलवान मालूम हो रही हो।"

"हँह...चार बच्चे होने के बाद कमर...।"

"मेरे भी तो चार बच्चे हैं...मेरी कमर तो डनलप पिल्लो का गद्दा नहीं बनी।" उन्होंने अपने सुडौल जिस्म को ठोक-बजाकर कहा और भाबी मुँह थूथाये भीगी मुर्ग़ी की तरह पैर मारती झुरझुरियाँ लेती रेत में गहरे-गहरे गड्ढे बनाती मुन्ने को घसीटती चली गईं। भैया बिलकुल बेतवज्जो होकर शबनम को पानी में

डुबकियाँ देने लगे। मगर वो कहाँ हाथ आने वाली थी। ऐसा अड़ंगा लगाया कि ग़ड़ाप से औंधे मुँह गिर पड़े।

जब नहाकर आए तो भाबी सर झुकाए ख़ूबानियों के मुरब्बे पर क्रीम की तह जमा रही थीं। उनके होंठ सफ़ेद हो रहे थे और आँखें सुर्ख़ थीं। गटारचे की गुड़िया जैसे मोटे-मोटे गाल और सूजे हुए मालूम हो रहे थे।

लंच पर भाबी बेइंतिहा ग़मगीन थीं। लिहाज़ा बड़ी तेज़ी से ख़ूबानियों का मुरब्बा और क्रीम खाने में जुटी हुई थीं। शबनम ने डिश की तरफ़ देखकर ऐसे फरेरी ली जैसे ख़ूबानियाँ न हों, साँप-बिच्छू हों।

''ज़हर है ज़हर।'' उसने नफ़ासत से ककड़ी का टुकड़ा कुतरते हुए कहा और भैया भाबी को घूरने लगे। मगर वो शपाशप मुरब्बा उड़ाती रहीं।

''हद है!'' उन्होंने नथुने फड़का कर कहा।

भाबी ने कोई ध्यान न किया और क़रीब-क़रीब पूरी डिश पेट में उँड़ेल ली। उन्हें मुरब्बा-शोरबा देखकर ऐसा मालूम होता था जैसे वो रश्को-हसद (ईर्ष्या-द्वेष) के तूफ़ान को रोकने के लिए बंद बाँध रही हों। ये क्रीम चोबी की चट्टानों की सूरत में उनके जिस्म के क़िले को नाक़ाबिले-तसख़ीर (अपराजेय) बना देंगी। फिर शायद दिल में यूँ टीसें न उठेंगी। भैया और शबनम की मुस्कुराती हुई आँखों के टकराव से भड़कने वाले शोले इन पथरीली दीवारों को न पिघला सकेंगे।

''ख़ुदा के लिए बस करो...डॉक्टर भी मना कर चुका है...ऐसा भी क्या चटोरपन!'' भैया ने कह ही दिया। मोम की दीवार की तरह भाबी पिघल गईं। भैया का नश्तर चर्बी की दीवारों को चीरता हुआ ठीक दिल में उतर गया। मोटे-मोटे आँसू भाबी के फूले हुए गालों पर फिसलने लगे। सिसकियों ने जिस्म के ढेर में ज़लज़ला पैदा कर दिया। दुबली-पतली और नाज़ुक लड़कियाँ किस लतीफ़ और सुहाने अंदाज़ में रोती हैं। मगर भाबी को रोते देखकर बजाय दुख के हँसी आती थी। जैसे कोई रुई के भीगे हुए ढेर को डंडों से पीट रहा हो।

वो नाक पोंछती हुई उठने लगीं, मगर हम लोगों ने रोक लिया और भैया को डाँटा। ख़ुशामद करके वापिस उन्हें बिठा लिया। बेचारी नाक सुड़काती बैठ गईं। मगर जब उन्होंने कॉफ़ी में तीन चम्मच शक्कर डाल कर क्रीम की तरफ़ हाथ बढ़ाया तो एकदम ठिठक गईं। सहमी हुई नज़रों से शबनम और भैया की

तरफ़ देखा। शबनम बमुश्किल अपनी हँसी रोके हुए थी, भैया मारे ग़ुस्से के रुआँसे हो रहे थे। वो एकदम भन्ना कर उठे और जाकर बरामदे में बैठ गए। उसके बाद हालात और बिगड़े। भाबी ने खुल्लम-खुल्ला ऐलाने-जंग कर दिया। किसी ज़माने में भाबी का पठानी ख़ून बहुत गर्म था। ज़रा-सी बात पर हाथा-पाई पर उतर आया करती थीं और बारहा भैया से ग़ुस्सा होकर बजाय मुँह फुलाने के वो ख़ूँख़ार बिल्ली की तरह उन पर टूट पड़तीं, उनका मुँह घसोट डालतीं, दाँतों से गिरेबान की धज्जियाँ उड़ा देतीं। फिर भैया उन्हें अपनी बाँहों में भींच कर बेबस कर देते और वो उनके सीने से लग कर प्यासी डरी हुई चिड़िया की तरह फूट-फूट कर रोने लगतीं। फिर मिलाप हो जाता और झेंपी-खिसियानी वो भैया के मुँह पर लगे हुए खरोंचों पर प्यार से टिंचर लगा देतीं, उनके गिरेबान को रफ़ू कर देतीं और मीठी-मीठी शुक्र-गुज़ार आँखों से उन्हें तकती रहतीं।

ये तब की बात है जब भाबी हलकी-फुलकी तीतरी की तरह तर्रार थीं। लड़ती हुई छोटी-सी पश्चिमी बिल्ली मालूम होती थीं। भैया को उन पर ग़ुस्सा आने की बजाय और शिद्दत से प्यार आता। मगर जब उन पर गोश्त ने जिहाद बोल दिया, वो बहुत ठंडी पड़ गई थीं। उन्हें अव्वल तो ग़ुस्सा ही न आता और अगर आता भी तो फ़ौरन इधर-उधर काम में लग कर भूल जातीं।

उस दिन उन्होंने अपने भारी-भरकम डील-डौल को भूल कर भैया पर हमला कर दिया। भैया सिर्फ़ उनके बोझ से धक्का खाकर दीवार से जा चिपके। रुई के गट्ठर को यूँ लुढ़कते देखकर उन्हें सख़्त घिन आई। न ग़ुस्सा हुए, न बिगड़े, शर्मिन्दा उदास सर झुकाए कमरे से निकल भागे, भाबी वहीं पसर कर रोने लगीं।

बात और बढ़ी और एक दिन भैया के साले आकर भाबी को ले गए। तुफ़ैल भाबी के चचा-ज़ाद भाई थे। उन्हें देखकर वो बच्चों की तरह उनसे लिपट कर रोने लगीं। उन्होंने भाबी को पाँच साल बाद देखा था। वो गोल गेंद को देखकर थोड़ी देर के लिए सटपटाए फिर उन्होंने भाबी को नन्हीं बच्ची की तरह सीने से लगा लिया। भैया उस वक़्त शबनम के साथ क्रिकेट का मैच देखने गए हुए थे। तुफ़ैल ने शाम तक उनका इंतज़ार किया। वो न आए तो मजबूरन भाबी और बच्चों का सामान तैयार किया।

जाने से पहले भैया घड़ी भर को खड़े-खड़े आए।

"देहली के मकान मैंने इनके मेहर में दिए," उन्होंने रुखाई से तुफ़ैल से कहा।

''मेहर?'' भाबी थर-थर काँपने लगीं।

''हाँ...तलाक़ के काग़ज़ात वकील के ज़रिये पहुँच जाएँगे।''

''मगर तलाक़...तलाक़ का क्या ज़िक्र है?''

''इसी में बेहतरी है।''

''मगर...बच्चे...?''

''ये चाहें तो उन्हें ले जाएँ...वरना मैंने बोर्डिंग में इंतज़ाम कर लिया है।''

एक चीख़ मार कर भाबी भैया पर झपटीं...मगर उन्हें खसोटने की हिम्मत न हुई, सहम कर ठिठक गईं।

और फिर भाबी ने अपनी निस्वानियत (नारीत्व) की पूरी तरह बेआबरूई करवा डाली। वो भैया के पैरों पर लोट गईं, नाक तक रगड़ डाली।

''तुम उससे शादी कर लो...मैं कुछ न कहूँगी। मगर ख़ुदा के लिए मुझे तलाक़ न दो। मैं यूँ ही ज़िंदगी गुज़ार दूँगी। मुझे कोई शिकायत न होगी।''

मगर भैया ने नफ़रत से भाबी के थुल-थुल करते जिस्म को देखा और मुँह मोड़ लिया।

''मैं तलाक़ दे चुका, अब क्या हो सकता है?''

मगर भाबी को कौन समझाता। वो बिलबिलाए चली गईं।

''बेवक़ूफ़...।'' तुफ़ैल ने एक ही झटके में भाबी को ज़मीन से उठा लिया। ''गधी कहीं की, चल उठ!''...और वो उसे घसीटते हुए ले गए।

क्या दर्दनाक समाँ था। फूट-फूट कर रोने में हम भाबी का साथ दे रहे थे। अम्मा ख़ामोश एक-एक का मुँह तक रही थीं। अब्बा की मौत के बाद उनकी घर में कोई हैसियत नहीं रह गई थी। भैया ख़ुद-मुख़्तार थे बल्कि हम सबके सर-परस्त थे। अम्मा उन्हें बहुत समझा कर हार चुकी थीं। उन्हें इस दिन की अच्छी तरह ख़बर थी, मगर क्या कर सकती थीं।

भाबी चली गईं...फ़िज़ा ऐसी ख़राब हो गई थी कि भैया और शबनम भी शादी के बाद हिल-स्टेशन पर चले गए।

सात-आठ साल गुज़र गए...कुछ ठीक अंदाज़ा नहीं...हम सब अपने-अपने घरों की हुईं। अम्मा का इंतक़ाल हो गया। अब्बा की मौत के बाद वो बिलकुल गुमसुम होकर रह गईं थीं। उन्होंने भाबी की तलाक़ पर बहुत रोना-पीटना मचाया। मगर

भैया के मिज़ाज से वो अच्छी तरह वाक़िफ़ थीं। वो कभी अब्बा की भी नहीं सुनते थे। कमाऊ पूत अपना मालिक ख़ुद होता है।

आशियाना उजड़ गया। भरा हुआ घर सुनसान हो गया। सब इधर-उधर उड़ गए। सात-आठ साल आँख झपकते न जाने कहाँ गुम हो गए। कभी साल दो साल में भैया की कोई ख़ैर-ख़बर मिल जाती। वो ज़्यादातर हिंदुस्तान से बाहर मुल्कों की चक-फेरियों में उलझे रहे मगर जब उनका ख़त आया कि वो बम्बई आ रहे हैं तो भूला-बिसरा बचपन फिर से जाग उठा। भैया ट्रेन से उतरे तो हम दोनों बच्चों की तरह लिपट गए। शबनम मुझे कहीं नज़र न आई। उनका सामान उतर रहा था। जैसे ही भैया से उसकी ख़ैरियत पूछने को मुड़ी, धप से एक वज़नी हाथ मेरी पीठ पर पड़ा और कई मन का गर्म-गर्म गोश्त का पहाड़ मुझसे लिपट गया।

"भाबी!" मैंने प्लेटफ़ार्म से नीचे गिरने से बचने के लिए खिड़की में झूल कर कहा। ज़िंदगी में मैंने शबनम को कभी भाबी न कहा था। वो लगती भी तो शबनम ही थी, लेकिन आज मेरे मुँह से बेइख़्तियार भाबी निकल गया। शबनम की फुआर...उन चन्द सालों में गोश्त और पोस्त (मांस-त्वचा) का लोंदा कैसे बन गई। मैंने भैया की तरफ़ देखा। वो वैसे ही दराज़ क़द और छरहरे थे। एक तोला गोश्त न इधर, न उधर, वही कमसिन लड़कों जैसे घने बाल। बस दो-चार सफ़ेद चाँदी के तार कनपटियों पर झाँकने लगे थे, जिनसे वो और भी हसीन और बावक़ार (प्रतिष्ठित) मालूम होने लगे थे। वैसे के वैसे चट्टान की तरह जमे हुए थे। लहरें तड़प-तड़पकर चट्टान की तरफ़ उछलती हैं, अपना सर उसके क़दमों में दे मारती हैं...पाश पाश होकर बिखर जाती हैं, मादूम हो जाती हैं। हार-थक कर वापिस लौट जाती हैं, कुछ वहीं उसके क़दमों में दम तोड़ देती हैं और नयी लहरें फिर सरफ़रोशी के इरादे समेटे चट्टान की तरफ़ खिंची चली आती हैं।

और चट्टान...? इन सजदों से दूर, तंज़ से मुस्कुराती रहती है अटल, लापरवाह और बेरहम! जब भैया ने शबनम से शादी की तो सभी ने कहा था... शबनम आजाद लड़की है, पक्की उम्र की है...भाबी...तो ये मैंने शहज़ाद को हमेशा भाबी ही कहा। हाँ तो शहज़ाद भोली और कमसिन थी...भैया के क़ाबू में आ गई। ये नागिन इन्हें डस कर बेसुध कर देगी। इन्हें मज़ा चखाएगी।

मगर मज़ा तो लहरों को सिर्फ़ चट्टान ही चखा सकती है।

"बच्चे बोर्डिंग में हैं, छुट्टी नहीं थी उनकी...।" शबनम ने खट्टी डकारों भरी साँस मेरी गर्दन पर छोड़ कर कहा।

और मैं हैरत से उस गोश्त के ढेर में उस शबनम की फुआर को ढूँढ़ रही थी, जिसने शहनाज़ के प्यार की आग को बुझा कर भैया के कलेजे में नयी आग भड़का दी थी। मगर ये क्या? उस आग में भस्म हो जाने से भैया तो और भी सच्चे सोने की तरह तप कर निखर आए थे। आग ख़ुद अपनी तपिश में भस्म होकर राख का ढेर बन गई थी। भाबी तो मक्खन का ढेर थी...मगर शबनम तो झुलसी हुई टसयाली राख थी...उसका साँवला-कुंदनी रंग मरी हुई छिपकली के पेट की तरह और ज़र्द हो चुका था। वो शरबत घुली हुई आँखें गंदली और बेरौनक़ हो गई थीं। पतली नागिन जैसी लचकती हुई कमर का कहीं दूर-दूर तक पता न था। वो मुस्तक़िल तौर पर हामिला मालूम होती थी। वो नाज़ुक-नाज़ुक लचकीली शाख़ों जैसी बाँहें मुगदर की तरह हो गई थीं। उसके चेहरे पर पहले से ज़्यादा पाउडर थुपा हुआ था। आँखें मस्कारा से लिथड़ी हुई थीं। भँवें शायद ग़लती से ज़्यादा नुच गई थीं, जभी इतनी गहरी पेंसिल घिसनी पड़ी थी।

भैया रिट्ज़ में ठहरे। रात को डिनर पर हम वहीं पहुँच गए।

कैबरे अपने पूरे शबाब पर था। मिस्री हसीना अपने छाती जैसे पेट को मरोड़िया दे रही थी, उसके कूल्हे दायरों में लचक रहे थे...सुडौल मरमरीं बाज़ू हवा में थरथरा रहे थे, बारीक शिफ़ान में से उसकी रूपहली टाँगें, हाथी-दाँत के तराशे हुए सतूनों (खम्भों) की तरह फड़क रही थीं...भैया की भूखी आँखें उसके जिस्म पर बिच्छुओं की तरह रेंग रही थीं...वो बार-बार अपनी गुद्दी पर अनजानी चोट सहला रहे थे।

भाबी...तो कभी शबनम थी...मिस्री रक़्क़ासा (नर्तकी) की तरह लहराई हुई बिजली थी, जो एक दिन भैया के होशो-हवास पर गिरी थी, आज रेत के ढेर की तरह भसकी बैठी थी। उसके मोटे-मोटे गाल ख़ून की कमी और मुस्तक़िल स्थायी बदहज़्मी की वजह से ज़र्दी-माइल सब्ज़ (हरे लेकिन पीलेपन की ओर अग्रसर) हो रहे थे। नियान लाइट्स की रोशनी में उसका रंग देखकर ऐसा मालूम हो रहा था जैसे किसी अनजाने नाग ने डस लिया हो। मिस्री रक़्क़ासा के कूल्हे तूफ़ान मचा रहे थे और भैया के दिल की नाव उस भँवर में चक-फेरियाँ खा

रही थी, पाँच बच्चों की माँ शबनम...जो अब भाबी बन चुकी थी, सहमी-सहमी नज़रों से उन्हें तक रही थी, ध्यान बँटाने के लिए वो तेज़ी से भुना हुआ मुर्ग़ हड़प कर रही थी।

आर्केस्ट्रा ने एक भरपूर साँस खींची...साज़ कराहे...ड्रम का दिल गूँज उठा... मिस्री रक़्क़ासा की कमर ने आख़िरी झकोले लिए और निढाल होकर मरमरीं फ़र्श पर फैल गई।

हॉल तालियों से गूँज रहा था...शबनम की आँखें भैया को ढूँढ़ रही थीं... बैरा तरो-ताज़ा रसभरी और क्रीम का जग ले आया। बेख़याली में शबनम ने प्याला रसभरियों से भर लिया। उसके हाथ लरज़ रहे थे। आँखें चोट खाई हुई हिरनियों की तरह परेशान चौकड़ियाँ भर रही थीं।

भीड़-भाड़ से दूर...नीम-तारीक (हल्की अँधेरी) बालकनी में भैया खड़े मिस्री रक़्क़ासा का सिग्रेट सुलगा रहे थे। उनकी पुर-शौक़ (रसमयी) निगाहें रक़्क़ासा की नशीली आँखों से उलझ रही थीं। शबनम का रंग उड़ा हुआ था और वो एक बेहंगम (ऊबड़-खाबड़) पहाड़ की तरह गुमसुम बैठी थी। शबनम को अपनी तरफ़ तकता देखकर भैया रक़्क़ासा का बाज़ू थामे अपनी मेज़ पर लौट आए और हमारा तआरुफ़ कराया।

"मेरी बहन," उन्होंने मेरी तरफ़ इशारा किया। रक़्क़ासा ने लचक कर मेरे वजूद को मान लिया।

"मेरी बेगम..." उन्होंने ड्रामाई अंदाज़ में कहा। जैसे कोई मैदाने-जंग में खाया हुआ ज़ख़्म किसी को दिखा रहा हो। रक़्क़ासा दम-ब-ख़ुद (स्तब्ध) रह गई। जैसे उसकी रफ़ीक़ा-ए-हयात (जीवन-संगिनी) को नहीं, ख़ुद उनकी लाश को ख़ून में ग़लताँ (लथपथ) देख लिया हो, वो हैबतज़दा (भयभीत) होकर शबनम को घूरने लगी। फिर उसने अपने कलेजे की सारी ममता अपनी आँखों में समोकर भैया की तरफ़ देखा। उसकी एक नज़र में लाखों फ़साने पोशीदा थे। "उफ़ ये हिंदुस्तान जहाँ जहालत से कैसी-कैसी प्यारी हस्तियाँ रस्मो-रिवाज पर क़ुर्बान की जाती हैं। क़ाबिले-परस्तिश (पूजनीय) हैं वो लोग और क़ाबिले-रहम भी, जो ऐसी-ऐसी 'सज़ाएँ' भुगतते हैं।"...मेरी शबनम भाबी ने रक़्क़ासा की निगाहों में ये सब पढ़ लिया। उसके हाथ काँपने लगे। परेशानी छुपाने के लिए उसने क्रीम का जग उठाकर रसभरियों पर उँडेल दिया और जुट गई।

प्यारे भैया! हैण्डसम और मज़लूम...सूरज-देवता की तरह हसीन और

रोमांटिक, शहद भरी आँखों वाले भैया, चट्टान की तरह अटल...एक अमर शहीद का रूप सजाए बैठे मुस्कुरा रहे थे...

...एक लहर चूर-चूर उनके क़दमों में पड़ी दम तोड़ रही थी...

....दूसरी नयी-नवेली लचकती हुई लहर उनकी पथरीली बाँहों में समाने के लिए बेचैन और बेक़रार थी।

अमर-बेल

बड़ी मुमानी का कफ़न भी मैला नहीं हुआ था कि सारे ख़ानदान को शुजाअत मामू की दूसरी शादी की फ़िक्र डसने लगी। उठते-बैठते दुल्हन तलाश की जाने लगी। जब कभी खाने-पीने से निमट कर बीवियाँ बेटों की जरी या बेटियों का जहेज़ टाँकने बैठतीं तो मामू के लिए दुल्हन तजवीज़ की जाने लगती।

"अरे, अपनी कनीज़ फ़ातिमा कैसी रहेगी?"

"अए-हए बी, घास तो नहीं खा गई हो, कनीज़ फ़ातिमा की सास ने सुन लिया तो नाक-चोटी काट कर हथेली पर रख देंगी। जवान बेटे की मैयत उठते ही वो बहू के गिर्द कुंडल डाल के बैठ गईं। वो दिन और आज का दिन...दहलीज़ से क़दम न उतारने दिया। निगोड़ी का मैके में कोई मरा-जीता होता तो शायद कभी आना-जाना हो जाता।"

"और भई, शजन भैया को क्या कुँवारी नहीं मिलेगी, जो झूठ-पत्तल चाटेंगे! लोग बेटियाँ थाल में सजा के देने को तैयार हैं। चालीस के तो लगते भी नहीं।" असग़री ख़ानम बोलीं।

"ओई ख़ुदा करे! बुआ पूरे दस साल निगल रही हो! अल्लाह रक्खे ख़ाली के महीने में पूरे पचास भर के...।"

अल्लाह! बेचारी इम्तियाज़ी फुफ्फो बोल के पछताईं। शुजाअत मामू की पाँच बहनें एक तरफ़ और वो निगोड़ी एक तरफ़। और माशा-अल्लाह! पाँचों बहनों की ज़ुबानें बस कंधों पर पड़ी थीं, ये गज़-गज़ भर की! कोई मुचटिया हो जाता, बस पाँचों एकदम मोर्चा बाँध के डट जातीं। फिर मजाल है कोई मुग़लानी, पठानी तक मैदान में टिक जाए! बेचारी शेख़ानियों, सैदानियों की तो बात ही न पूछिए...बड़ी-बड़ी दिल-गुर्दे वालियों के छक्के छूट जाते।

मगर इम्तियाज़ी फुफ्फो भी उन पाँच पांडवों पर सौ कौरवों से भारी पड़तीं। उनका सबसे ख़तरनाक हर्बा (शस्त्र) उनकी चख़चख़ाती हुई बरमे की नोक जैसी आवाज़ थी। बोलना जो शुरू करतीं तो ऐसा लगता जैसे मशीन-गन की गोलियाँ एक कान से घुसती हैं और दूसरे कान से ज़न से निकल जाती हैं। जैसे ही उनकी किसी से तकरार शुरू होती, सारे मुहल्ले को तुरंत ख़बर हो जाती कि भाई इम्तियाज़ी बुआ की किसी से चल पड़ी और बीवियाँ कोठे लाँघती, छज्जे फलाँगती दंगल की तरफ़ हल्ला बोल देतीं।

इम्तियाज़ी फुफ्फो की पाँचों बहनों ने वो टॉनिक ली कि ग़रीब निक्कू बन गईं। उनकी मँझली बेटी गौरी ख़ानम अब तक कुँवारी धरी थीं। छत्तीसवाँ साल छाती पर सवार था, मगर कहीं नसीब बनने के आसार नज़र नहीं आ रहे थे। कुँवारे मिलते नहीं, ब्याहे रण्डुवे नहीं होते। पहले ज़माने में तो हर मर्द तीन-चार को ठिकाने लगा देता था मगर जब से ये हस्पताल और डॉक्टर पैदा हुए हैं बीवियों ने न मरने की क़सम खा ली है, जिसे देखो आक़िबत (अंत समय) के बोरिए पर तुली हुई है। बड़ी मुमानी की बीमारी के दिनों में ही इम्तियाज़ी फुफ्फो ने हिसाब लगा लिया था। लेकिन उनके फ़रिश्तों को भी पता न था कि दुहाजू के लिए भी कुएँ में बाँस डालने पड़ेंगे।

शुजाअत मामू की उम्र का मसूअला बड़ी नाज़ुक सूरत अख़्तियार कर गया। क़मर आरा और नूर ख़ाला के लिए तो वो अभी लड़का ही थे। इसलिए वो तो मारे हौल के बरसों की गिनती में बार-बार घपला डाल देतीं। क्योंकि उनकी उम्र का हिसाब लग जाने से खुद ख़ालाओं की उम्र पर शह पड़ती थी। लिहाज़ा पाँचों बहनें बिलकुल मुख़्तलिफ़ सिम्त (भिन्न दिशा) से हमला-आवर हुईं। उन्होंने फ़ौरन इम्तियाज़ी फुफ्फो के नवास-दामाद का ज़िक्र छेड़ दिया। जिसका तज़किरा फुफ्फो की दुखती रग थी, क्योंकि वो उनकी नवासी पर सौत ले आया था।

मगर हमारी फुफ्फो भी खरी मुग़लानी थीं, जिनके वालिद शाही फ़ौज में बर्क़-अन्दाज़ (सिपाही) थे। वो कहाँ मार खाने वालियों में से थीं। झट पैंतरा बदल कर वार ख़ाली कर दिया और शहज़ादी बेगम की पोती पर टूट पड़ीं, जो खुले बंदों ख़ानदान की नाक कटवा रही थी, क्योंकि वो रोज़ डोली में बैठ कर धनकोट के स्कूल में पढ़ने जाया करती थी। उस ज़माने में स्कूल जाना उतना ही भयानक समझा जाता था जितना आजकल कोई फ़िल्मों में नाचने-गाने लगे।

शुजाअत मामू बड़े माक़ूल आदमी थे। निहायत सुथरा नक़्शा, छरहरा बदन, दरम्याना क़द...इम्तियाज़ी फुफ्फो सारे में कहती फिरती थीं कि ख़िज़ाब लगाते हैं मगर आज तक किसी ने कोई सफ़ेद बाल उनके सर पर नहीं देखा। इसलिए ये अंदाज़ा मुश्किल था कि ख़िज़ाब लगाना कब शुरू किया...यूँ देखने में बिलकुल जवान लगते थे, वाक़ई चालीस के नहीं जँचते थे। जब उन पर पैग़ामों की बहुत ज़ोर की बारिश हुई तो बौखलाकर उन्होंने मुआमला बहनों के सुपुर्द कर दिया। इतना कह दिया कि लौंडिया इतनी छिछोरी न हो कि बेटी लगे और ऐसी खूसट भी न हो कि उनकी अम्मा लगे।

''ओई, क्या ख़ौफियाता हुआ नाम!'' इम्तियाज़ी फुफ्फो को जब कुछ न सूझा तो नाम ही में कीड़े निकालने लगीं। मगर बहनों ने ऐसा मोर्चा कसा कि उनकी किसी ने न सुनी।

''लौंडिया सोलह से एक दिन ज़्यादा की हो तो सौ जूते सुबह, सौ जूते शाम और ऊपर से हुक़्क़े का पानी।'' मगर उनकी किसी ने न सुनी। वो अपनी गौरी बेगम की नाव पार लगाने के लिए ख़ाम-ख़ाह दुंद मचाती थीं।

रुख़साना बेगम थीं कि अगर कोई देखे तो बस देखता ही रह जाए। जैसे पहली का नाज़ुक शर्माया हुआ चाँद किसी ने उतार लिया हो...शक्ल देखते जाओ पर जी न भरे...तौलो तो पाँचवे के बाद छटा फूल न चढ़े...रंगत ऐसी जैसे दमकता कुंदन...जिस्म में हड्डी का नाम नहीं, जैसे सख़्त मैदे की लोई पर गाय का मक्खन चुपड़ दिया हो। निस्वानियत (नारीत्व) इस ग़ज़ब की जैसे दर्जन भर औरतों का सत निचोड़ कर भर दिया हो। गर्म-गर्म लपटें-सी निकलती थीं, शायद बक़ौल फुफ्फो सोलह बरस ही की होंगी मगर उन्नीस-बीस की उठान थी। बहनों ने मामू को पच्चीसवाँ साल बताया था। उन्हें ज़रा-सा तकल्लुफ़ तो हुआ मगर फिर टाल गए। कमसिनी तो कोई बड़ा जुर्म नहीं!

सबसे बड़ी बात तो ये थी कि बेइंतिहा मुफ़लिस घर का बोझ थीं। दोनों तरफ़ का ख़र्चा मामू के सर रहा। जब रुख़साना मुमानी ब्याह कर आईं तो उन्हें ग़ौर से देख कर मामू के पसीने छूट गए।

''बाजी, ये तो बिलकुल बच्ची है!'' उन्होंने बौखला कर कहा।

''ओई, ख़ुदा ख़ैर करे! अए मियाँ तेल देखो, तेल की धार देखो।''

''मर्द साठा और पाठा, बीवी बीसी और खीसी...दो चार बच्चे हुए नहीं कि सारी क़लई उतर जाएगी। गू-मूत में न सोला सिंगार रहेंगे, न ये रंगो-रोग़न

और न ये छल्ले-सी कमर रहेगी। न बाजुओं का लोच...बराबर की न लगने लगे तो चोर का हाल सो मेरा। मैं तो कहूँ हूँ दस साल में बड़ी भाबी-जान की तरह हो जाएगी।''

''फिर हम अपने बीरन के लिए साढ़े बारह बरस की लाएँगे।'' ख़ाला चहकीं।

''हश्त!'' मामू शर्मा गए।

''दूसरी बीवी नहीं जीती, इसलिए तीसरी'' शम्सा बेगम बोलीं।

''क्या बक रही हो?''

''हाँ मियाँ, बड़े-बूढ़ों से सुनते आए हैं, दूसरी तो तीसरी का सदक़ा होती है, इसलिए पुराने ज़माने में लोग दूसरी शादी गुड़िया से कर दिया करते थे। ताकि फिर जो दुल्हन आए वो तीसरी हो।''

बहनों ने समझाया और मामू समझ गए। फिर जल्दी ही रुख़साना बेगम ने भी समझा दिया। दो-तीन महीने में अच्छे खाने-कपड़े और आशिक़-ज़ाद मियाँ ने वो जादू फेरा कि पहली का चाँद चौदहवीं का माहताब हो गया। वो चाँदनी चटकी कि देखने वालों की आँखें चुँधिया गईं। पोर-पोर से शुआयें (किरनें) फूट निकलीं...शुजाअत मामू पर ऐसा नशा सवार हुआ कि बिल्कुल धुत्त हो गए। शुक्र है जल्द ही पेंशन होने वाली थी, वरना आए दिन के दफ़्तर से ग़ोते ज़रूर रंग लाते।

बहनों के ले-दे के एक भैया थे। बड़ी मुमानी तो दुल्हाले ही में जी से उतर गई थीं। उनकी कमान कभी चढ़ी ही नहीं। जब तक ज़िंदा रहीं, सूरत को तरसती रहीं। आल-औलाद ख़ुदा ने दी ही नहीं कि उधर जी बहल जाता। मियाँ बहनों के चहेते भाई सूरत न देखें तो खाना न पचे। दफ़्तर से सीधे किसी बहन के यहाँ पहुँचते। रात का खाना वहीं से खाकर आते। फिर भी रोज़ाना दस्तरख़्वान सजाए रात तक बैठी राह तका करतीं। किसी दिन इत्तिफ़ाक़ से खा लेते तो उनकी ज़िंदगी का मक़सद पूरा हो जाता। आए दिन बहनों के यहाँ हंगामे रहते। झूटों को कभी भावज को भी बुला लेतीं मगर ये बेचारी वहाँ ग़रीबुल-वतन (परदेसी) सी लगतीं। सबने बुलाना छोड़ दिया। शुजाअत मामू को कभी यार-दोस्तों की दावत करनी होती या क़व्वाली और मुजरे की महफ़िलें जमतीं तो बीवी को पता भी न चलता, बहनें सब इंतज़ाम कर देतीं, ये उन्हीं के हाथ में रुपया दे देते।

किसी ने मुमानी को राय दी कि मियाँ को क़ाबू करने का बस एक गुर है, उसे ऐसे खाने खिलाओ कि किसी और के घर का निवाला मुँह को न लगे। बस, मुमानी ने खाना पकाने की किताबें मँगाई। लहसुन की खीर और बादाम के गुलगुले, दम का मुर्ग़ और मछली के कबाब पकाये, जिन्हें खाकर मामू ने फ़ैसला किया कि वो उन्हें ज़हर देकर मारना चाहती हैं।

मुमानी ख़ून थूक-थूक कर मर गईं।

मगर नयी-नवेली का जादू तो आते ही सर चढ़ कर बोलने लगा। न कहीं आने के रहे, न जाने के, न किसी का आना भाए, बस मियाँ हैं और बीवी। क्या बाग़ो-बहार-सा भाई चुटकी बजाते में उनकी तरह बेरहम और बेमुरव्वत हो गया! दुनिया उजाड़ हो गई। अपने पाँव आप कुल्हाड़ी मारी। गौरी बेगम से शादी करा दी होती तो यूँ भैया साहिबुलक़त (मीर-मुंशी) न हो जाते।

"अए भाबी, भैया को आँचल में कब तक बाँधे रखोगी? मर्द ज़ात है, कोई झुंडलना नहीं कि हर दम कूल्हे से लगाए बैठी हैं।"

लाख ताने दिए जाते, दुल्हन बेगम हैं कि कभी-कभी हँस रही हैं और मियाँ काठ के उल्लू घिघियाये जाते हैं। अपनी जोरू है कोई पड़ोसी की नहीं कि बस तके जा रहे हैं बजरबट्टू की तरह।

मामू वो मामू ही न रहे। अजी कैसी क़व्वालियाँ और कैसे मुजरे...बस बीवी तगनी का नाच नचा रही है, आप नाच रहे हैं।

"अए बस, और थोड़े दिन के चोंचले हैं। पैर भारी हुआ नहीं कि सार दुल्हनापा ख़त्म। एक-न-एक दिन तो भाई का जी भरेगा।" दिलों को यूँ तसल्ली हो गई।

अल्लाह-अल्लाह करके रुख़साना मुमानी का पैर भारी हो गया तो अल्लाह तौबा! न उल्टियाँ न तबीअत माँदी। चेहरे पे और चाँद खिल उठे। क्या मजाल जो ज़रा-सी अलकस आ जाए! वही शोख़ियाँ, वही अंदाज़े-माशूक़ाना, जो नयी दुल्हनों के हुआ करते हैं। और मामू का तो बस नहीं चलता, वरना उन्हें उठाकर पलकों में छुपा लें। दिल निकाल कर क़दमों में डाले देते हैं। दिल से उतरने की बजाय वो तो दिमाग़ में भी छा गईं।

पूरे दिनों में भी रुख़साना मुमानी के हुस्न को गहन न लगा। जिस्म फैल गया मगर चाँद दमकता रहा। न पैरों पर सूजन, न आँखों के गिर्द हलक़े (काले घेरे), न चलने-फिरने में कोई तकलीफ़।

जापे के बाद चट से खड़ी हो गईं। क्या मजाल जो कमर बाल बराबर भी मोटी हुई हो। वही कुँवारियों जैसा लचकदार जिस्म, भली बीवी के जापे में बाल झड़ जाते हैं मगर इनके वो अदबदा कर बढ़े कि ख़ुद सर धोना दुश्वार हो गया।

हाँ, बीवी के बदले ज़रा मामू झटक गए, जैसे बच्चा उन्होंने ही पैदा किया हो। थोड़ी-सी तोंद ढलक आई। गालों में लम्बी-लम्बी काशें गहरी हो गईं, बाल पहले से ज़्यादा सफ़ेद हो गए। अगर दाढ़ी न बनी होती तो गालों पर चियूँटी के सफ़ेद-सफ़ेद अंडे फूट आते।

जब दो साल बाद बेटी हुई तो मामू की तोंद और आगे खिसक आई। आँखों के नीचे खाल लटकने लगी, निचली दाढ़ का दर्द क़ाबू से बाहर हो गया तो मजबूरन निकलवानी पड़ी। एक ईंट खिसकी तो सारी इमारत की चूलें ढीली हो गईं।

उन दिनों मुमानी की अक़्ल-दाढ़ निकल रही थी।

शुजाअत मामू की बत्तीसी असली दाँतों से ज़्यादा हसीन थी। उम्र का इल्ज़ाम नज़ले के सर गया।

इम्तियाज़ी फुफ्फो के हिसाब से रुख़साना मुमानी छब्बीस बरस की थीं। हालाँकि अब वो कभी बच्चों के साथ धमा-चौकड़ी मचाने के मूड में आ जातीं तो सोलह बरस की लगने लगतीं। कई साल उम्र का बढ़ना रुक गया था। ऐसा मालूम होता था उनकी उम्र अड़ियल टट्टू की तरह एक जगह जम गई है और आगे खिसकने का नाम ही नहीं लेती। ननदों के दिलों पर आरे चलते। वैसे भी जब अपने हाथ-पैर थकने लगें तो नौजवानों की शोख़ियाँ, मुँह-ज़ोर घोड़े की दुलत्ती की तरह कलेजे में लगती हैं और मुमानी तो साफ़ अमानत में ख़यानत कर रही थीं। शराफ़त और भल-मनसाहत का तो ये तक़ाज़ा था कि वो शौहर को अपना ख़ुदा-ए-मजाज़ी (सांसारिक ईश्वर) समझतीं, अच्छे-बुरे में उनका साथ देतीं। ये नहीं कि वो थके-माँदे बैठे हैं और बेगम बेतहाशा मुर्ग़ियों के पीछे दौड़ रही हैं।

"अए भावी, तुम पर ख़ुदा की सूर, न सर की ख़बर है न पैर की, हडूँगी बनी मुर्ग़ियाँ खदेड़ रही हो!"

"अए क्या करूँ ख़ाला, मुई बिल्ली...।"

"ओई लो और सुनो, अए बी मैं तुम्हारी ख़ाला कब से हो गई? शुजन

भाई मुझसे चार साल बड़े हैं माशा-अल्लाह...बड़ा भाई वाप बराबर...तुम भी मेरी बड़ी हो, ख़बरदार जो आइन्दा मुझे ख़ाला कहा।''

''जी बहुत अच्छा...।'' शादी से पहले रुख़साना मुमानी की अम्मा उनकी दुपट्टा-बदल बहन कहलाती थीं।

वही हुस्न और कमसिनी, जिसने एक दिन शुजाअत मामू को ग़ुलाम वना दिया था, अब उनकी आँखों में खटकने लगी। लंगड़ा बच्चा जव दूसरे बच्चों के साथ नहीं दौड़ पाता तो चिढ़ कर मचल जाता है कि तुम बेईमानी कर रहे हो। मुमानी उनके साथ दग़ा कर रही थीं। कभी-कभी तो उन्हें लड़कियों, बालियों (किशोरियों) की तरह हँसता या दौड़ते-भागते देखकर उनके दिल में टीसें उठने लगतीं, वो जल कर कोयला हो जाते।

''लौंडों को लुभाने के लिए क्या तन-तन कर चलती हो?'' वो ज़हर उगलने लगे, ''हाँ, अब कोई जवान पट्ठा ढूँढ लो।''

मुमानी पहले तो हँस कर टाल देतीं, फिर झेंप कर गुलनार हो जातीं। इस पर मामू और भी चराग़-पा (आग-बबूला) होते और भारी-भारी इल्ज़ाम लगाते।

''फ़लाँ से आँखें लड़ा रही थीं, ढिमाके से तुम्हारा तअल्लुक़ है।''

तब मुमानी सन्नाटे में रह जातीं। मोटे-मोटे आँसू छलक पड़ते। अलगी से दुपट्टा खींच कर वो अपना जिस्म ढक कर सर झुकाए कमरे में चली जातीं। मामू का कलेजा कट जाता, उनके पैरों तले से ज़मीन खिसक जाती। वो उनके तलवे चूमते, उनके क़दमों में सर फोड़ते, उनके आगे नाक रगड़ते, रोने लगते। ''मैं कमीना हूँ, हरामज़ादा हूँ, जूती लेकर जितना चाहो मारो। मेरी जान, मेरी रख़्ख़ी, मेरी मलिका मेरी शहज़ादी...।''

और रुख़साना मुमानी अपनी रूपहली बाँहें उनके गले में डाल कर भों-भों रोतीं।

''तुम्हारा आशिक़े-ज़ार हूँ मेरी जान! रश्को-हसद (ईर्ष्या द्वेष) से जल-जल कर ख़ाक हुआ जाता हूँ। तुम जो नन्हें को गोद में लेती हो तो मेरा ख़ून खौलने लगता है, जी चाहता है साले का गला घोंट दूँ, मुझे मुआफ़ कर दो मेरी जान!'' वो झट मुआफ़ कर देतीं। इतना मुआफ़ करतीं कि शुजाअत मामू की आँखों के घेरे और गहरे हो जाते, और वो बड़ी देर तक थके हुए ख़च्चर की तरह हाँफा करते।

फिर ऐसे भी दिन आ गए कि वो मुआफ़ी भी न माँग सके। कई-कई दिन

वो रूठे पड़े रहते, बहनों की उम्मीदें बँध जातीं।

"भैया जान भाबी को कुढ़ा-कुढ़ा कर मार रहे हैं। अब कोई दिन जाता है कि ये आए दिन की दाँता-किलकिल रंग लाएगी।"

मुमानी छुप-छुप कर घंटों रोतीं। आँसू भरी आँखों में लाल-लाल डोरे और भी क़यामत ढाने लगते। सुता हुआ ज़र्द चेहरा, जैसे सोने की गिन्नी में किसी बेईमान सुनार ने चाँदी की मिलावट बढ़ा दी हो। फीके-फीके होंठ, माथे पर उलझी सी एक वारफ़्ता (बिखरी हुई) लट...देखने वाले कलेजा थाम के रह जाते। हुस्ने-सोगवार (व्यथित सौंदर्य) को देखकर मामू के कंधे और झुक जाते, आँखों की वीरानी बढ़ जाती।

एक बेल होती है...अमर-बेल। हरे-हरे सँपोलिए जैसे डंठल...जड़ नहीं होती...ये हरे डंठल किसी भी सरसब्ज़ (हरे-भरे) पेड़ पर डाल दिए जाएँ तो बेल उसका रस चूस कर फलती-फूलती है। जितनी ये बेल फैलती है उतना ही वो पेड़ सूखता चला जाता है।

ज्यों-ज्यों रुख़साना के चमन खिलते जाते थे, मामू सूखते जाते थे। बहनें सर जोड़ कर खुसर-पुसर करतीं। भाई की दिन-ब-दिन गिरती हुई सेहत को देखकर उनका कलेजा मुँह को आता था। बिलकुल झरकट हो गए थे। गठिया की शिकायत तो थी ही, नज़ला अलग अज़ाबे-जान (प्राणघातक) हो रहा था। डॉक्टरों ने कहा ख़िज़ाब बिलकुल मुआफ़िक़ नहीं। मजबूरन मेहँदी लगाने लगे।

बेचारी रुख़साना एक-एक से बाल सफ़ेद करने के नुस्ख़े पूछती फिरती थीं। किसी ने कहा अगर ख़ुशबूदार तेल डालो तो बाल जल्दी सफ़ेद हो जाएँगे। दुखिया ने इत्र सर में झोंक लिया। मामू की नाक में जो शमामतुल-अम्बर (अम्बर नामक इत्र) की मदहोश कर देने वाली ख़ुशबू की लपटें पहुँची तो वो ग़लीज़ ऐब उन्होंने मुमानी पर लगाए कि अगर बच्चों का ख़याल न होता तो मुमानी कुएँ में कूद जातीं। उनके बाल सफ़ेद होने की जगह और मुलायम और चमकदार होकर डसने लगे।

मुमानी की जवानी के तोड़ के लिए मामू ने तिब्बे-यूनानी (यूनानी चिकित्सा) की तमाम माजूनें, मक़ूयात, कुश्ते और तेल इस्तेमाल कर डाले। थोड़े दिन के लिए उनकी भागती हुई जवानी थम गई, बाँकपन लौट आया। मुमानी ने कुछ दुनियादारी के दाँव-पेच तो सीखे न थे, ख़ुदरौ पौधा (ख़ुद-ब-ख़ुद पलने-बढ़ने वाला पौधा) थीं...कभी किसी ने बारीकियाँ न समझाईं। अट्ठाइस साल की थीं

मगर अट्ठारह बरस जैसी नातज़ुर्बाकार और अल्हड़पन था।

मोटर बहुत चलाओ तो इंजन जल जाता है। दवाओं का रद्दे-अमल (प्रतिक्रिया) जो शुरू हुआ तो शुजाअत मामू ढह गए। एकदम बुढ़ापा टूट पड़ा। अगर जिस्म और दिमाग़ को वो इतना न तकतकाते तो बासठ बरस में यूँ लुटिया न डूब जाती। अब वो अपनी उम्र से ज़्यादा लगने लगे।

बहनें ज़ारो-क़तार रोतीं। हकीम-डॉक्टर जवाब दे चुके थे। लोगों ने जवान बनने के तो लाखों नुस्ख़े ईजाद किए, क़ब्ल-अज़-वक़्त (समय से पहले) बूढ़ा होने की कोई दवा नहीं जो मुमानी को खिला दी जाती। ज़रूर उन पर कोई सदाबहार क़िस्म का जिन या पीर मर्द आशिक़ था कि किसी तौर से उनकी जवानी ढलने का नाम ही न लेती थी। तावीज़-गंडे हार गए, टोने-टोटके चुप हो गए।

अमर-बेल फैलती रही।

बरगद का पेड़ सूखता रहा।

तस्वीर हो तो कोई फाड़ दे, मुजस्समा (मूर्ति) हो तो पटक कर चकनाचूर कर दे, अल्लाह के हाथों का बनाया मिट्टी का पुतला अगर हसीन भी हो और ज़िंदा भी...उसकी हर साँस में जवानी की गर्मी महक रही हो तो फिर कुछ बस नहीं चलता। उसके चढ़ते हुए सूरज को उतारने की एक ही तरकीब हो सकती है कि खाने की मार दी जाए। घी, गोश्त, अंडे, दूध...क़तई बंद। जब से शुजाअत मामू का हाज़मा जवाब दे गया था, मुमानी सिर्फ़ बच्चों के लिए गोश्त मँगवाती थीं, कभी-कबार एक निवाला ख़ुद चख लेती थीं, अब उससे भी परहेज़ कर लिया। सबको उम्मीद बँध गई कि अब इंशाअल्लाह ज़रूर बुढ़ापा तशरीफ़ ले आएगा।

"अए भाबी, ये क्या उछाल-छक्का लौंडियों की तरह मुई शलवार-क़मीज़ पहनती हो, और भी नन्हीं बनी जाती हो।" ननद कहतीं..."भारी-भरकम कपड़े पहनो कि अपनी उम्र की लगो।"

मुमानी ने टका हुआ दुपट्टा और ग़रारा पहन लिया।

"किसी यार की बग़ल में जाने की तैयारी है?" मामू ने कचोके दिए, मुमानी कपड़ों से भी ख़ौफ़ खाने लगीं।

"अए भई, ये क्या एक वक़्त की नमाज़ पढ़ती हो, पाँच वक़्त की आदत डालो।" मुमानी पाँच वक़्त की नमाज़ पढ़ने लगीं। जब से मामू की नींद बूढ़ी और नख़रीली हुई थी, तहज्जुद (आधी रात की नमाज़) के वक़्त से जागना पड़ता था।

"मेरे मरने के नफ़्ल[1] पढ़ रही हो?" मामू बिसूरे।

दुबली तो थीं, दिन-रात की दाँता-किलकिल से और भी धान-पान हो गईं। घी-गोश्त से परहेज़ हुआ तो रंग और भी निखर आया। जल्द ऐसी शफ़्फ़ाक़ हो गईं कि जैसे कोई दम में बिल्लौर की तरह आर-पार नज़र आने लगेगा। चेहरे पर अजब नूर--सा उतर आया। पहले देखने वालों की राल टपकती थी, अब उनके क़दमों में सर पटकने की तमन्ना जागने लगी। जब सुबह-सवेरे नमाज़े-फ़जर के बाद क़ुरान की तिलावत (सस्वर पाठ) करतीं तो उनके चेहरे पर हज़रते-मरियम का तक़द्दुस (पवित्रता) और फ़ातिमा ज़ोहरा की पाकीज़गी तारी (प्रतिबिम्बित) हो जाती। वो और भी कमउम्र और कुँवारी लगने लगतीं।

मामू की क़ब्र और पास खिसक आई, और वो उन्हें मुँह भर-भर के कोसते और गालियाँ देते कि भाँजों-भतीजों के बाद वो जिनों और फ़रिश्तों को वरग़ला रही हैं, चिल्ले (चालीस दिन तक लगातार पढ़ा जाने वाला मंत्र) खींच-खींच कर जिन काबू में कर लिए हैं, उनसे जादू की बोटियाँ मँगा कर खाती हैं।

ख़िज़ाब के बाद अब मेहँदी भी मामू को आँखें दिखाने लगी थी। मेहँदी लगाते तो छींकें आ-आकर नज़ला हो जाता। वैसे भी उन्हें मेहँदी से घिन आने लगी। रुख़साना मुमानी उनके बालों में मेहँदी लगाती तो बावजूद अहतियात के उनके हाथों में भी शम्यें जलने लगतीं। उनके हाथ देखकर शुजाअत मामू को ऐसा मालूम होता जैसे मेहँदी में नहीं, मुमानी ने उनके ख़ूने-दिल में हाथ डुबो लिए हैं। वही हाथ जिन्हें वो कभी चमेली की मुँह-बंद कलियाँ कह कर चूमा करते थे, आँखों से लगाते थे, अब शिकरे (एक शिकारी चिड़िया) के ख़ूँख़्वार पंजों की तरह उनकी आँखों में घुसे जाते थे।

बहनें घर से तर माल तैयार करके भाई के लिए लातीं कि कहीं भावज ज़हर न खिला रही हो। अपने हाथ से सामने खिलातीं। मगर उन खानों से मामू की हालत और पतली होती जाती। बवासीर की पुरानी शिकायत ने वो ज़ोर पकड़ा कि रहा-सहा ख़ून भी निचोड़ लिया। अभी तक उस नामुराद कुश्ते का असर बाक़ी था। जो उन्होंने पिछले जाड़ों में मुरादाबाद के एक नामी हकीम साहब का नुस्ख़ा लेकर कई सौ की लागत से तैयार कराया था। नुस्ख़ा बेहद शाही क़िस्म का था, जिसे मुर्दा खा लेता तो सनसना कर खड़ा हो जाता। मगर

---

1. वह इबादत जो फ़र्ज़ में शामिल न हो।

मामू गोन्दनी की तरह फोड़ों से लद गए।

दुखिया मुमानी घी को सैकड़ों बार पानी से धोतीं। उसमें गंधक और वहुत-सी दवाएँ कूट-छान कर मिलातीं, धड़ियों मरहम थोपा जाता, पतीलों में नीम के पत्तों का पानी औटातीं और सुबहो-शाम पीप-ख़ून धोतीं। उनमें से चंद फोड़े मुस्तक़िल नासूर बन गए थे और रफ़्ता-रफ़्ता मामू को निगल रहे थे।

फिर एक तो अंधेर ही हो गया। मामू बहुत कमज़ोर हो गए थे। बहनें बैठी भावज का दुखड़ा रो रही थीं कि एक खूसट-सी बुढ़िया न जाने कहाँ से आन मरी। पहले तो वो शुजाअत मामू को नाना-जान समझ कर उनसे फ़्लर्ट करने लगी। किसी ज़माने में नाना जान उस पर बहुत मेहरबान रह चुके थे। बुढ़िया नामुराद की मत मारी गई थी। नाना जान को मरे बीस बरस हो चुके थे। और वो अपनी चीपड़ भरी आँखों में पुराने ख़्वाब जगाने पर मुसिर (अड़ी हुई) थी। बड़ी ते दे के बाद वो मामू का असली मुक़ाम समझी तो मरहूमा मुमानी का मातम ले बैठी, ''हए-हए, क्या बुढ़ापे में दग़ा दे गईं।'' अचानक उसकी नज़र मुमानी पर जा पड़ी। मुमानी सहन में कबूतरों को दाना डाल रही थीं। अजब प्यारे अंदाज़ में वो गर्दन झुकाये बैठी थीं जैसे तस्वीर खिंचवा रही हों। कबूतर उनकी बिल्लौरी दमकती हुई हथेली को गुदगुदा रहे थे और वे बेइख़्तियार हँस रही थीं।

''हाय मैं मर गई!'' बुढ़िया ने अपना चपाती जैसा सीना कूट कर रुख़साना मुमानी की तरफ़ हवा में बलाएँ लेकर कनपटियों पर दसों उँगलियाँ चटर-चटर चटकाईं, ''अल्लाह पाक नज़रे-बद से बचाए! बिटिया तो चाँद का टुकड़ा है! मैं जानूँ मीठा बरस लगा है। अए मियाँ,'' वो राज़दारी के अंदाज़ में मामू के क़रीब खिसकी, ''सौदागरों का मँझला बेटा विलायत पास करके आया है। अल्लाह क़सम, बस चाँद और सूरज की जोड़ी रहेगी।''

किसी ज़माने में बुढ़िया बड़े मार्के की मश्शाता (औरतों का बनाव-सिंगार करने वाली/ब्यूटीशियन) थी। अब इसका बाज़ार बंद हो चुका था। चूंडा सफ़ेद हुआ, हाथ-पैर से माज़ूर (लाचार) हुई तो टुकड़े माँग कर गुज़र-औक़ात करने लगी थी।

थोड़ी देर तक तो किसी की समझ ही में न आया कि बुढ़िया मुर्दार क्या बक रही है। सौदागरों का मँझला बेटा जो विलायत पास था, सबकी निगाहों में था। किसी को शुब्हा भी न हुआ कि नाशुदनी क़त्तामा (अभागी छिनाल) रुख़साना

मुमानी का रिश्ता लगाने की ताक में है।

"इमाम हुसैन की क़सम, मियाँ मैं तो कंगनों की जोड़ी लूँगी। बात छेड़ूँ?"

बात जो वाज़ेह (स्पष्ट) हुई तो भिड़ों का छत्ता छिड़ गया। चारों तरफ़ से तोपें दग़ने लगीं।

"हए-हए मुझ जनम-जली को क्या ख़बर?" बुढ़िया स्लीपर पहनती रपटी बाहर की तरफ। चलते-चलते उसने मामू की पिटी हुई सूरत पर एक मुश्तबह (संदेह-युक्त) नज़र डाली, "मुँह पर तो साफ़ कुँवारपना बरस रहा है।"

उस दिन शुजाअत मामू ने क़ुरान हाथ में उठाकर कह दिया कि ये दोनों बच्चे उनके नहीं, अड़ोस-पड़ोस की मेहरबानियों का फल हैं जिनसे रुख़साना बेगम ताक-झाँक किया करती हैं।

उस रात वो रोते रहे, कराहते रहे, अंगारों पर लोटते रहे, उस रात उन्हें बड़ी मुमानी बहुत याद आईं। उनके बाल क़ब्ल-अज़-वक़्त (समय से पहले) पक गए थे, उनकी जवानी, उनका दुल्हनापा आँसुओं में बह गया। मैं और पारसाई का मुजस्समा (सद्चरित्रता का साकार रूप), वफ़ा की पुतली...उनके हिस्से का बुढ़ापा भी उन्होंने अपने वजूद में समेट लिया और शरीफ़ बीवियों की तरह जन्नत को सिधारीं। आज वो होतीं तो ये दर्द, ये सोज़िश, ये सफ़ेद जड़ों वाले मेहँदी लगे बाल, ये रिसते नासूर, ये तनहाई...बँट जाती। फिर बुढ़ापा यूँ न दहलाता। दोनों साथ बुड्ढे होते, एक-दूसरे के दुख को समझते, सहारा देते।

अमर-बेल दिन दूनी, रात चौगुनी फैलती गई। बड़ के पेड़ का तना खोखला हो गया, टहनियाँ झूल गईं, पत्ते झड़ गए...बेल पास के दूसरे हरे-भरे पेड़ों पर रेंग गई।

कैसा जाँ-सोज़ (प्राणघातक) समाँ था। शुजाअत मामू की मैयत सहन में बनी-सँवरी रखी हुई थी, बहनें खड़ी पड़ी पछाड़ें खा रही थीं। मामू ने अपनी सारी जायदाद बहनों के नाम कर दी थी।

रुख़साना मुमानी सबसे अलग-थलग दरवाज़े से लगी बैठी थीं। कहने वाले कहते हैं कि इतनी हसीन और सोगवार बेवा ज़िंदगी में कभी नहीं देखी। सफेद कपड़ों में वो अजीब पुर-असरार (रहस्यमयी) ख़्वाब लग रही थीं। रो-रोकर आँखें मख़्मूर (नशीली) और बोझल हो रही थीं। ज़र्द चेहरा पुखराज नगीने की तरह दमक रहा था। पुरसे (सांत्वना देने) को आने वाले सब कुछ भूल कर बस उन्हें तकते रह जाते। उन्हें मरहूम की ख़ुश-नसीबी पर रश्क आ रहा था।

मुमानी पर बेपनाह बेबसी और अफ़सुर्दगी (उदासी) छाई हुई थी। ख़ौफ़ और सरासीमगी (बदहवासी) से उनका चेहरा और भी भोला लग रहा था। दोनों बच्चे उनके पहलू से लगे बैठे थे। वो दोनों की बड़ी बहन लग रही थीं।

वो गुमसुम बैठी थीं, जैसे क़ुदरत के सबसे मश्शाक़ (दक्ष) फ़नकार ने अपने बेमिसाल क़लम से कोई शाहकार बनाकर सजा दिया हो।

●●●